拿来就用的
极简写作法

An Out-of-the-box Minimalist
Approach to Writing 郑连根 —— 著

山东教育出版社

·济南·

图书在版编目（CIP）数据

拿来就用的极简写作法 / 郑连根著 . —济南：山东教育
出版社，2023.6
ISBN 978-7-5701-2495-4

Ⅰ.①拿… Ⅱ.①郑… Ⅲ.①写作－方法 Ⅳ.①H052

中国版本图书馆CIP数据核字（2023）第029641号

责任编辑：张彤彤
责任校对：舒　心
装帧设计：王　昊　吴江楠

NA LAI JIU YONG DE JI JIAN XIEZUO FA

拿来就用的极简写作法

主管部门　山东出版传媒股份有限公司
出版发行　山东教育出版社
社　　址　济南市市中区二环南路2066号4区1号
邮　　编　250003
电　　话　（0531）82092660
网　　址　http://www.sjs.com.cn
印　　装　山东星海彩印有限公司
规　　格　165 mm×230 mm　1/16
印　　张　13.75
字　　数　120千
版　　次　2023年6月第1版
印　　次　2023年6月第1次印刷
定　　价　45.00元
　　　　　（如有印装质量问题，请与印刷厂联系调换。电话：0538－88881100）

序

郑连根先生勤于笔耕，其笔触像他的名字一样，连结了中国历史的根脉，铺陈了文化赓续的根系。他所写的《极简中国史》《极简少年中国史》《春秋范儿》《帝国青春期》等众多文史书籍，或畅销，或获奖，有的甚至畅销兼获奖。这些成绩，足以证明郑连根先生是一位优秀的写作者。

我在研读郑连根先生作品的过程中，除了羡慕敬佩之外，还有一个愿望油然而生：我特别希望学生们也能具有郑老师这样的历史视野和写作能力。于是，我不揣冒昧地向郑老师提出来山东大学开设写作课这个朴素又热切的心愿。当我把这个请求向郑老师提出时，他不假思索地应允了。

后来，郑连根先生成了山东大学传统文化研究与体验基地的特聘专家，在山大开设了一门《中国符号的转化与写作》的课程。于是，在作家身份之外，郑连根又有另一层身份：一位在高校教写作课的老师。

郑老师引导大学生在博览群书和研究文史的基础上开展厚积薄发式的写作实践，而学生的习作，体裁多样，散文、诗歌、历史小说、科幻小说……这些习作的字里行间，有青春的温度、思考的力度和文学的气息，郑老师耐心地对学生一一给予指点和反馈。在这个互动的过程中，年轻人的文笔、情志，甚至偏误也带给郑老师诸多思考，他认为有必要创作一本书来帮助在写作上有困惑和需求的学生、青年或职场人士。他聚焦于这一切并提纯，于是便有了《拿来就用的极简写作法》这本书。

无论是学生群体还是职场人士在写作时，都需要工具属性与文化属性兼备，既要让读者理解写作中的"慢哲学、深思考和严逻辑"，掌握写作的底层逻辑和基本技法，揭示高效表达的基本规律，还要用内涵丰富、意义深远的语言材料开展写作训练。要把这些都兼顾好并不容易。更关键的是，这本书面向的读者群体来自不同的专业和领域，这也增加了内容选择上的难度。

在《拿来就用的极简写作法》这本书中，郑老师把自己实践多年的写作法宝毫无保留地分享出来，他鼓励年轻人"写作，绝不仅仅是作家的特权，任何人都有写作的潜能""对抗陈词滥调""追求简洁有力的文风"，贴切幽默的文字既能让读者生发如沐春风的舒畅，也有发人深省的启示。读者们会从郑老师展示的大量实战案例和旁征博引中，慢慢体会到写金句的秘诀、修改文章的底层逻辑和实操策略，了解作家洞明时事、练达人情的路径，也揭开了写作职业的神秘面纱，加强了文史研究须经世致用、服务社会大众的意识。

可以说，这是一本承载量极其丰富的书，书中既浓缩了郑老师笔耕 20 多年的实践经验，又提炼出他在山大课堂教授写作的理性思考，还饱含了他以写作赋能青年成长的热切期盼。

最后要说的是，专门探究写作，在今天这个信息日新月异的时代是难能可贵的，因为写作本身是慢动作，与快节奏的现代生活在步调上不一致。写作，倡导深思而不是浮躁，倡导读书而不是刷屏，倡导原创而不是模块拼接，倡导艺术审美而不是文化快消。基于此，我真诚地向广大读者推荐郑连根先生的这本新著《拿来就用的极简写作法》——阅读它，不仅可以提升自己的写作能力，而且能在这个浮躁时代找到一种宁静致远、坚韧向上的力量。

马晓乐（山东大学国际教育学院教授）

2022 年仲夏于山东大学

自序　从文字出发，以心灵抵达

既然你打开了这本《拿来就用的极简写作法》，那我们便是有缘之人——我们因为热爱写作而相聚在这里。

写作，绝不仅仅是作家的特权，任何人都有写作的潜能。只要能意识到这种潜能，并不断地开发、使用这种潜能，每个人都有成为作家的可能。

现实社会中，应用写作的场景随处可见。大学生写一篇演讲稿需要写作能力；公司职员写一份活动方案需要写作能力；公务员写工作汇报需要写作能力；创业者写上市计划书需要写作能力；医生向公众普及养生知识也需要写作能力；科学家写科普读物更需要写作能力……

可以说，在专业分工越来越细的今天，任何一位想向公众普及文化、分享观点的人，都需要有良好的写作能力。写作应该成为未来优秀人才的标配。

我本人是作家，写过十几本书，现在在山东大学教通识写作课。这门写作课的学生来自不同的专业，其中，既有来自中文系、历史系、哲学系等的文科生，也有来自数学系、物理系、化学系、药学系等的理科生。通过在大学教写作课，我惊喜地发现，不光文科生可以舞文弄墨，理科生在学习写作课之后，写作潜能也能被激活，写作能力同样很强。

给我印象最深刻的是 2020 年教过的一名数学系的学生，她叫黄伊涵。黄伊涵同学学了一学期写作课之后，期末就创作出一篇近 6 万字的历史小说。小说的背景设定在唐朝安史之乱前后。为了写活唐朝的历史，她特意翻阅了《新唐书》和《旧唐书》。这篇小说写得非常棒。还有很多其他专业的同学，在学了线下写作课之后，写出了不错的科幻小说和玄幻小说。

在大学教写作课的经历使我意识到：我在自己写书之外，是不是也应该把一些最核心最实用的写作理念和写作方法尽可能广泛地传播一下呢？于是，我写了这本书。在写作这本书的过程中，我既参考了很多前人总结的写作理论，也动用了我自己 20 多年的写作体悟，同时提炼了我教大学写作课的一些思考和感受。我不能保证大家读完这本书就能成为作家，但我可以保证，读了这本书之后，你对写作的理解肯定会与以前有所不同。

自改革开放以来，中国社会生活的各个方面都发生了翻天覆地的变化。社会生活的广阔与复杂，呼唤与之相匹配的多元化多样化的写作，而多元化多样化的写作也会反过来为出版、影视、文创等文化产业提供强劲的智力支持。文字书写是文化创意的一度创作，一度创作往往是影视改编、游戏设计等后续开发的创意基石。道理很简单，如果没有吴承恩写的小说《西游记》，那就不会有一拍再拍的各种版本的影视剧《西游记》；如果没有莫言写的小说《红高粱》，也就不会有张艺谋执导的电影《红高粱》。

在解决了温饱问题之后，中国人对文化生活的需求进一步提高。人们希望读到更多的好书，希望看到更好的电影和电视剧，甚至希望玩到更精彩的游戏。从人们日常接受的文化消费端来看，好像写作已处于边缘地带，不是文化活动的主流了，可是，若从文化生产端来看，我们就会发现，从图书到影视剧，从文创到游戏，其实都离不开写作这一核心环节。所以，写作在今天并不是被边缘化了，而是应用领域更广泛了。只是，它的适用场景正在从文化消费端转向文化生产端。

我们在经济领域实行"供给侧改革"，为的是实现产业结构的优化和升级。其实，文化领域也需要实行"供给侧改革"，即要生产出更多更好的文化产品，来满足人们日益提高的文化需求。文化要发展，处于生产端的写作就理应得到足够的重视。

这本《拿来就用的极简写作法》，聚焦的重点是写作的底层逻辑和基本技法。提到写作，一般人能想到的多是两件事：一是中小学生写作文，一是作家们写小说、散文、诗歌等文学作品。大家有没有想过这样一件事：每一个上过学的人都有写作文的经历，这个人口基数是非常大的。而文学创作呢？只有人数极少的作家才会去做。写作文，由中小学的语文老师来教；文学创作，主要靠作家们的个人天赋和勤奋。那么，在写作文和文学创作之间，是不是存在着一个十分广阔的中间地带？这个中间地带，难道就该一直被忽视，甚至被放弃吗？

　　我觉得不该。

　　在我看来，写作文和文学创作之间的广阔中间地带，恰恰是绝大多数人应该用力耕耘的沃土。一方面，我们的写作要与时俱进，以回应社会对写作能力的多样化需求，回应互联网时代信息传播的多元化特征，回应中国走向世界大背景下的国际化语境；另一方面，我们也要明确，写作的领域绝不仅仅局限于文学创作。写作没有想象的那么难，它是一项任何人通过学习都可以掌握的能力。

　　我还要告诉大家的是，在写作文和文学创作之间，这一段长长的写作之路并不是一片茫然的，这段处于中间地带的写作，也是有一些基本的规律可以学习的。我的这本《拿来就用的极简写作法》，从处理复杂信息的角度切入，按照收集信息、整理信息、输出信息、优化信息、接受反馈等环节一步步地讲清写作的底层逻辑和基本技巧。这些心法和技法，是任何人都可以学、学了都会有收获的。我在这本书中，一方面力图用简洁的方式讲清这些写作的底层逻辑和基本技巧，揭示高效表达的基本规律；另一方面，为了让广大读者在训练写作时有"抓手"，我还在相关文章的后面给出了例文和训练题目。大家可以"照方抓药"，迅速下笔练习。

写作，能有效地激发我们的想象力和创造力。写作是一件与我们的生命息息相关的事情。学会写作，会让一个人遇见更好的自己。

在我们精雕细刻、字斟句酌地写作之时，写作本身也在一点一滴地雕刻着我们。

我们每个人都是世间的过客，但同时，我们每个人也都是这个世界上独一无二的存在。我们午后阳光下的莫名叹息，我们暗夜中只有星辰默默陪伴的哭泣，我们聚会上的开怀大笑，我们郊游时看到春花绽放时的由衷欢喜，我们在工作会议上与伙伴的默契对视……所有的这一切，都值得获得文字上的回应、抚慰与超越。我们的生命会因为这种回应、抚慰和超越而变得干净、澄澈，掷地有声。

写作，通过文字实现表达，但文字绝不是写作的全部。

写作的本质，是生命潜能的创造性开发，是心灵律动的自由放飞与诚意抵达。

诸位朋友，让我们相约：从文字出发，以心灵抵达。

目 录

第四章　信息输出 •

第五章　信息优化 •

第一章
写作心法

我们每个人的生命旅程都能借由
文字而得到慰藉和升华。

写作到底有哪些价值

阅读与写作，在某种程度上讲，就是我们的精神呼吸。没了肉体上的呼吸，我们的生命也就走到了终点；没有了精神上的呼吸，我们的灵魂也会慢慢枯萎。写作能倒逼我们阅读，能促使我们不断思考，让我们的思维越来越缜密、细腻、深刻。

　　写作到底有哪些价值呢？写作的重要性又体现在何处？这是我要跟大家分享的第一个问题。根据前人的总结，并结合自己的写作体会，我列出了写作的八大价值：

　　1. **高效表达**。表达是人类的一种天性。每个人来到这个世界，都想有所表达，只不过不同的人选择表达的方式不同而已。有人用音乐来表达，有人用舞蹈来表达，有人用绘画来表达……所有这些表达，其实都源于人类心底的倔强：每个人都不愿意白来世间一趟，大家都希望给这个世界留下点儿什么。把自己的所思所想用文字书写下来，这是一种高效的表达方式。表面上看，写文章要比直接说话慢许多，但是文字传播可以突破时间和空间的限制，传播成本极低，而且文字表达比口语表达更精准、更明晰，所以，文字的传播效果在总体上要比口耳相传高效。写作以语言文字作为表达的工具，这种表达不只有实用性，还具有超越性。所谓超越性是指，我们可以借由写作而使我们的生命摆脱平庸，变得更加纯粹，更加丰盈。

2. **倒逼输入**。写作是一种高质量的内容输出。要想持续地输出，当然要有大量输入，因此，勤奋写作的人几乎都是大量阅读的人。阅读与写作，在某种程度上讲，就是我们的精神呼吸。没了肉体上的呼吸，我们的生命也就走到了终点；没有了精神上的呼吸，我们的灵魂也会慢慢枯萎。写作能倒逼我们阅读，能促使我们不断思考，让我们的思维越来越缜密、细腻、深刻。

3. **建立连接**。写作不仅可以使我们自己得到成长，而且还可以通过文字实现"以文会友""以文交友"，与外界建立更广泛的连接。在我 20 多年的写作过程中，我就通过写作结识了很多朋友。我一直认为，写作不是由作家单独完成的，而是由作家和阅读者合力完成的。你的文字被他人阅读之际，也就是你与他人建立连接之时。借助文字，作者和阅读者共享了信息，共享了喜悦与忧伤、思考与价值。这样的连接往往比日常生活中庸常的交往更有意义。

4. **影响他人**。一个人的改变总是最先从思想上发生的，而写作恰恰是一种可以影响他人思想的行为。你写的故事可以引起他人的情感共鸣，你表达的观点可以得到他人的认可，你写作的逻辑可以启发他人的思考，甚至，你在文章中提出的解决问题的方案，也可能成为他人的行动指南。一个人通过文字就能给他人以正向的影响，这不是一件很神奇也非常幸福的事吗？

5. **治愈功能**。人生的道路上，我们不可能时时刻刻都面对鲜花和掌声，不可能总是享受生活的美好。有时我们也会受到伤害，也会有负面情绪。在人生不如意之时，你有没有试过用文字来倾诉？如果有过这样的经历，那你就一定明白，当人们用文字把内心深处的真实情感表达出来的时候，负面情绪就得到了疏导。

现代心理学研究表明，当一个人学会"观照"自己情绪的时候，坏的情绪就不会再对他造成伤害了，写作也是对自我的一种"观照"，作家把自己的思绪用文字书写下来，转化成作品，这时，他在不知不觉间便完成了自我治愈。

6. **对抗遗忘**。人的生命是有限的，每个人都是这个世界的过客。对生命而言，死亡有两次，一次是肉身消失，一次是自己的名字被彻底遗忘。写作则能帮助人对抗遗忘。《左传》中说："太上有立德，其次有立功，其次有立言。虽久不废，此之谓三不朽。"可见，能把文章写好，是一件多么有意义的事。一个人拥有很好的文笔，能够著书立说，这意味着他的文字可以比他的肉体活得更久远。

7. **记录生活**。诺贝尔文学奖得主加西亚·马尔克斯写过一本书《活着为了讲述》，他在这本书中说过这样一段话："生命不是我们活过的日子，而是我们记住的日子，是我们为了讲述而在记忆中重现的日子。"文字拥有将转瞬即逝的时光定格成永恒的能力，写作可以让你的家人、朋友、陌生人都能听到你的故事，了解你曾经生活的时代以及你的生命感悟。

每个人的生命都是独一无二的，每个人的人生体验都弥足珍贵，每个人的生活都有值得记录的故事，每个人的生命旅程都能借由文字而得到慰藉和升华。

8. **成就自我**。写作会让人遇见更好的自己。长期坚持写作的人，注定是热爱学习、不断进步的人，他的表达能力、思维能力和审美能力肯定不会差。而且，能长期坚持写作的人，往往都很有毅力，他们拥有一股坚韧的力量。这样的人能够成就自我，也是顺理成章之事。

史蒂芬·柯维在《高效能人士的七个习惯》一书中说："我们做任何事情都是先在头脑中构思，即智力上的第一次创造，然后付诸实践，即体力上的第二次创造。"写作极其符合"两次创造"的理论——我们先在头脑中构思出一篇文章或者一本书，然后再逐字逐句地写出来。整个过程中有思考，有行动，有成果，成果发布之后还会收到反馈。这是一个完整的动脑、动手、动情的链条，这是对我们人生的文字提纯和精神淬炼，而写作者就是在这样一次次的提纯和淬炼中实现了生命的升华。

作家有两条命——写作的心法

主题词 —— 作家有两条命。他们平时过着寻常的日子，在蔬菜杂货店里，过马路和早上准备上班时，手脚都不比别人慢。然而作家还有受过训练的另一部分，这一部分让他们得以再活一次，那就是坐下来审视自己的生命，复习一遍，端详生命的肌理和细节。写作者与普通人的不同之处，在于他们能够将自己生活中所经历的事情，通过分辨、加工、重塑等方式创作为作品。

——（美）纳塔莉·戈德堡

写作有没有心法？写作的心法又是什么呢？

我的回答是：写作也有心法。这心法就是将常人的思维模式调整到写作者的思维模式上。如果你让我讲写作的具体技法，我可以讲出许多条；可如果你让我讲写作最底层的心法，那我就只有这一句——写作也有心法。我知道这句话很简单，很朴素，不够鸡汤，也不够鸡血，但是，它是我写作的真实体悟。如果你能想起"大道至简"的道理，那么，我也请你相信这个心法。

作家的思维模式是怎样的？说来也很简单，就是时刻准备着写东西。因为要经常写作，所以他们就在生活的时时处处格外留意，留意那些可能成为写作素材的人和事、景与情、光与影，以及喜悦与忧伤。

举例来说，普通人与家人一起逛公园，秋日的阳光很明媚，公园里繁花似锦，一家人玩得很高兴。中午吃了一顿大餐之后，就快快乐乐地回家了。事情到此结束了，但是写作者不一样，他也与家人一起逛公园，可是他在逛公园的时候就会比普通人多用心。他会仔细观察各种花卉的色泽，用心感受秋日的阳光打在叶片上的光影变化；他还会动用嗅觉，闻一闻或浓或淡的花香；他还会动用听觉，听一听树上的鸟鸣；遇到不认识的花卉，他可能还会掏出手机扫一扫，搞清它们的名字，观察它们在微风中轻轻摇摆的姿态……总之，他会尽可能仔细地去观察，尽可能用心地收集信息，然后还会想：这样的景色，如果让我来描写，该怎样写？如果写一篇小说，安排男女主人公在这样的公园里初次相见，那我该怎么描写？如果安排男女主人公在公园中分手，又该如何描写？以前读过的经典著作中有没有这样的桥段？人家是如何处理的？还可以怎样处理？等等。

再比如，普通人读小说，往往是为了看故事，看主人公跌宕起伏的命运，可是一个合格的写作者在读故事之外还会思考：这部小说哪个地方写得特别好？我能从中学到什么？普通人在大街上听到一段有趣的对话，可能在心里想的是：这两个人真好笑，跟说相声似的，然后，就一笑而过了。一个写作者则可能回家就把这段对话记在了本子上，作为写作资料库中的一个鲜活素材。

再聚焦一点，普通人写文章，把意思大致说清楚就可以了，不会在遣词造句上精雕细琢。而作家就不一样了，在遣词造句上精益求精可以说是他们的一种工作习惯。他们不会满足于一般化的表达，而是会用心寻找更精准的词语和句子。

　　比如，著名作家史铁生写的散文《我与地坛》就是非常经典的例子。在这篇散文中，作家用饱含深情的笔触写了地坛的四季。这段文字非常优美——

　　"如果以一天中的时间来对应四季，当然春天是早晨，夏天是中午，秋天是黄昏，冬天是夜晚。如果以乐器来对应四季，我想春天应该是小号，夏天是定音鼓，秋天是大提琴，冬天是圆号和长笛。要是以这园子里的声响来对应四季呢？那么，春天是祭坛上空漂浮着的鸽子的哨音，夏天是冗长的蝉歌和杨树叶子哗啦啦地对蝉歌的取笑，秋天是古殿檐头的风铃响，冬天是啄木鸟随意而空旷的啄木声。以园中的景物对应四季，春天是一径时而苍白时而黑润的小路，时而明朗时而阴晦的天上摇荡着串串杨花；夏天是一条条耀眼而灼人的石凳，或阴凉而爬满了青苔的石阶，阶下有果皮，阶上有半张被坐皱的报纸；秋天是一座青铜的大钟，在园子的西北角上曾丢弃着一座很大的铜钟，铜钟与这园子一般年纪，浑身挂满绿锈，文字已不清晰；冬天，是林中空地上几只羽毛蓬松的老麻雀。以心绪对应四季呢？春天是卧病的季节，否则人们不易发觉春天的残忍与渴望；夏天，情人们应该在这个季节里失恋，不然就似乎对不起爱情；秋天是从外面买一棵盆花回家的时候，把花搁在阔别了的家中，并且打开窗户把阳光也放进屋里，慢慢回忆慢慢整理一些发过霉的东西；冬天伴着火炉和书，一遍遍坚定不死的决心，写一些并不发出的信。还可以用艺术形式对应四季，这样春天就是一幅画，夏天是一部长篇小说，秋天是一首短歌或诗，冬天是一群雕塑。以梦呢？以梦对应四季呢？春天是树尖上的呼喊，夏天是呼喊中的细雨，秋天是细雨中的土地，冬天是干净的土地上的一只孤零的烟斗。

因为这园子，我常感恩于自己的命运。

我甚至现在就能清楚地看见，一旦有一天我不得不长久地离开它，我会怎样想念它，我会怎样想念它并且梦见它，我会怎样因为不敢想念它而梦也梦不到它。"

普通的人写一座公园的四季，能写得这么细腻、优美吗？恐怕很难。史铁生能把地坛的四季写得如此漂亮，当然与他高超的文学才华密不可分。不过，我们在欣赏这样一段优美文字的时候也应该想到：除了才华，史铁生在写地坛的四季时动用了多少心思？调用了多少细节和感受？启动了多少联想和想象？在斟酌字句上又下了大多的功夫？别的不说，就说最后一句吧，"我甚至现在就能清楚地看见，一旦有一天我不得不长久地离开它，我会怎样想念它，我会怎样想念它并且梦见它，我会怎样因为不敢想念它而梦也梦不到它。"这句话抒发的是作者对地坛的深厚感情。一般的人写对一个地方的想念之情，可能是这样的："离开了某地之后，我特别想念它，好几次做梦又回到了那里。"这样写就是一个很普通的句子。而史铁生却分三层来写想念：第一层，离开之后，我很想念它；第二层，我会怎样想念它并且梦见它；第三层，我会怎样因为不敢想念它而梦也梦不到它。如此一来，想念之情就抒发得浓郁而别致。

这就是写作者的思维模式——他们在生活中时刻不忘写作这件事，在普通人常常会疏忽的地方，他们会用写作者的视角仔细加以打量、审视和思考。对此，美国女作家纳塔莉·戈德堡说："作家有两条命。他们平时过着寻常的日子，在蔬菜杂货店里、过马路和早上准备上班时，手脚都不比别人慢。然后作家还有受过训练的另一部分，这一部分让他们得以再活一次，那就是坐下来审视自己的生命，复习一遍，端详生命的肌理和细节。写作者与普通人的不同地方，在于他们能够将自己生活中所经历的事情，通过分辨、加工、重塑等方式创作为作品。"

"一切法从心想生"，写作的心法也不例外。说到底，写作的心法也是"用心"——把心思用在写作这件事上。只要善于"将心注入"，心里时时想着写作，念着写作，那么，"念念不忘，必有回响"，我们就能将常人的思维模式转换成写作者的思维模式。

一旦完成了这种转换，也就意味着你已经踏上了写作的快车道。此时，你所要做的就是安心地享受写作带给你的种种收获——包括快乐与痛苦、寂寞与成长，以及他人的赞美与诋毁、理解与误解……而所有的这一切，均是写作者的宿命，你要视为理所当然并甘之如饴。

行动建议：写作心法练习

1. 用本篇所说的写作心法，重新审视一下你家附近的公园，试写一下这座公园的四季。

2. 回想最近感动过你的一部电影，想想它为什么能感动你？感动你的细节有哪些？这些细节对你的写作有何启发？

3. 找一位长辈做一次访谈，听他讲述人生故事，尤其注意其命运转折时的特定选择。然后用心思考：如果要给这位长辈写一篇人物小传，我该怎么写？如何突出人物最鲜明的特点？他的人生故事中，哪些应该详写，哪些应该略写？想好之后，试着写写。写好之后，再拿给这位长辈看看。我相信，你用心撰写的这篇文章大概率会被这位长辈视为珍贵的礼物，他也会因此而对你格外信任、刮目相看。

然后再想，如果我写小说，写到这位长辈生活的年代，这位长辈给我讲述的人生故事中，有哪些细节可以用到我的小说中？如果要写的是纪录片脚本，这位长辈讲述的内容，哪些需要查资料核对？……这些不一定全部写出，但不能不想。

我们不需要把头脑中的所有想法都用文字凝固下来，但我们仍然需要让自己多产生想法。如果我们平时想得太少，那么到了写作的时候就会因"想法匮乏"而感到无法下笔。因此，我们的头脑中一定要有一根"多想"的弦儿，宁可"想"过之后不写，也不要写的时候还不知道该怎么去"想"。

富兰克林写作法

写是写作者高频重复的动作，也是提高写作水平最有效的方法。写作，不是一个名词，而是一个动词。它是一种状态，是一种充满主动性和创造性的生命状态。

—— 主题词

长期以来，人们对写作形成了一种刻板的印象，认为写作是一件特别难的事，只有天赋异禀、才华横溢的作家才能靠写作吃饭，普通人则"不是玩笔杆子的料儿"。这种观念是错误的。写作绝不仅仅是作家的特权，任何人都有写作的潜能。只要能意识到这种潜能，并不断地开发、使用，每个人都有成为作家的可能。

富兰克林就是一个很好的例子。

提及本杰明·富兰克林，人们首先会想到他是伟大的政治家，美国的开国三杰之一。可能还有人知道他是一位物理学家——他用风筝引闪电的试验也广为人知。其实，在政治家和物理学家之外，富兰克林还是一位作家，而且"作家"是他最早被世人认可的一个身份。

本杰明·富兰克林的父亲以制造蜡烛和肥皂为业。他和妻子生育了 17 个孩子，富兰克林是最小的一个。家中孩子太多，父亲的收入无法负担孩子们读书的费用，所以富兰克林只读了两年书就被迫辍学了（8 岁入学，10 岁离校）。辍学之后，富兰克林先回家帮助父亲做蜡烛，两年后又去哥哥经营的小印刷所当学徒。就是在印刷所当学徒和工人期间，富兰克林开启了他自学写作的历程。

富兰克林热爱读书，书读多了，就萌生了当作家的念头。一个贫穷的印刷所工人，一点学历都没有，如何学写作呢？答案是：自学。

富兰克林在他的自传中写道，他当年喜欢读一本英文杂志《观察家》，他反复研读自己喜欢的专栏文章，记住文章的主要观念和结构，然后放下杂志自己来重写。文章写完之后，再与杂志上的文章对照，查看自己的不足之处，然后一点点改进。最开始，他当然写得不好，每篇文章都要重写五六遍才能勉强让自己满意，但经过不断训练，他的写作水平有了巨大的提高，最后真的成了一位作家。

富兰克林只上过两年学，没有受过任何写作方面的专业教育，他通过自己摸索出来的方法自学写作，成了作家。此事充分说明，零基础的人也可以学写作，只要肯学。学习的方法也很简单，就是在自己还不知道该写什么的时候不妨先模仿，即先研读优秀文章，然后自己重写；拿自己的文章和优秀的文章比较，找出不足加以改进。

补充一点，富兰克林自学写作的方法受到很多人的推崇，其中就包括富豪巴菲特的合作伙伴查理·芒格。查理·芒格写过一本畅销书《穷查理宝典》，这个书名就是在向富兰克林致敬，因为富兰克林早年写过一本名为《穷理查年鉴》的书。

查理·芒格之外，近些年很多中国人也在使用"富兰克林写作法"，大家的反馈是：非常有效。具体的操作步骤如下——

1. 挑选喜欢的作者作为模仿对象，从他的作品中挑选精彩的文章，用心研读。注意，刚开始不要选太长的文章，可先选几百字的片段或千百字的短文章。

2. 认认真真地阅读所选的文章，记住核心的内容和观点，然后试着用自己的表达方式重写此文，写的时候可以加上个人的理解和体会。

3. 拿自己写成的文章与原文对照，找到自己与高手之间的差距。

4. 用心修改自己的文章，缩小与原文的差距。

5. 不断重复上述过程，坚持一段时间之后，你就会发现自己的写作水平大幅度提升了。

有人可能会问：富兰克林自学写作的方法看上去非常笨，为什么还这么有效呢？原因很简单，这种看上去很笨的办法其实是一种有针对性的刻意练习。这样的练习，每一次都能让你看到自己与高手之间的差距，而你每改进一次，又能缩小一些与高手之间的差距。日积月累，哪怕是从零基础起步，你也可能成为高手——因为你总是在不断进步。高效学习的方法有千条万条，但最核心的永远只有一条，那便是：下笨功夫。普通人眼里的笨功夫，往往正是我们快速成长为高手的捷径。

彭端淑说："天下事有难易乎？为之，则难者亦易矣；不为，则易者亦难矣。人之为学有难易乎？学之，则难者亦易矣；不学，则易者亦难矣。"写作也是如此。

写作像习武，想成为高手，"道、术、功"三者缺一不可。"道"是原理，"术"是技巧，"功"是长期训练所形成的实战能力。"道"和"术"是师傅能传授的，而"功"则是要自己练的。

写作的"功"怎么练？非常简单，就一个字——写！写是写作者高频重复的动作，也是提高写作水平最有效的方法。

写作，不是一个名词，而是一个动词。它是一种状态，是一种充满主动性和创造性的生命状态。

如果你畏惧写东西，那么克服这种畏惧的唯一解药就是不断地写——不管写得好还是差，只要每天都写（哪怕每天只写二三百字），写着写着，某一天你就不再畏惧写东西了。如果你觉得自己的写作水平不高，那提高写作能力的最佳方法还是不断地写，你一直坚持写作，写着写着就摸索出了门道，写着写着思路就比原来开阔了，甚至，写着写着灵感也多了起来。

"写作是写作者最好的老师。"千方百计让自己持续地写下去，这就是在练写作的"功"。从小学生写作文，到作家写小说、写剧本，"写"这个动作贯穿始终。

所有的作家，都在被"写什么"和"怎么写"这两个问题所召唤，所"折磨"，所激励。写出好作品，是他们的追求之所在，也是他们的快乐之所在、价值之所在；写不出好作品，则是他们的焦虑之所在、痛苦之所在、失败之所在。不知道该写什么的时候，他们焦虑不安，生怕自己"写不出"；当找到了一个题目，动手写作时，他们又要时刻面对"如何写好"和"如何写得更好"的折磨。写出的作品没有反响，他们的心中会有不甘，然后把不甘化为"下次写好"的动力；如果写出的作品有了良好的反响，甚至得了奖，那他们的心中仍有不甘——前面还有更大的目标在等着他。

著名作家邹静之就说："没有一个时代是摆好书桌，然后把门窗都关好了，说兄弟你写吧，怎么着都成，没有，也等不来。有的是写本身。不写什么也没有。"

写，既是作家的软肋，也是作家的铠甲。写作是他们日复一日的劳作，写作也是他们生命的歌哭；写作是他们学会的一种能力，写作也是他们的一种必然。

　　"不写什么也没有。"这是写作者的根本，也是提高写作功力的顶级秘密。

经典曾经是"网文"

郑连根

在一个市场化和娱乐化占主导的年代，网络文学比传统文学更容易获得市场的青睐。这一点，已被确凿的数据所证明。2017年，胡润研究院携手IP版权运营机构猫片，推出《2017猫片·胡润原创文学IP价值榜》，一百个最具价值的中国原创文学IP上榜，其中，五十个最具潜力的中国原创文学IP几乎全都是网络文学作品。不过，人们在看到网络文学蓬勃发展的同时，也有一种隐隐的担忧：网络文学成为IP价值榜主力，是否意味着传统文学的衰落？对此，我的看法是：不能把网络文学的受追捧归咎于传统文学的失败，就像宋词的兴起并不意味着唐诗的没落一样。

在文学的发展史上，我们今天所认可的很多经典，比如唐诗、宋词，在其诞生之初，它们的身份也是"草根"，在某种程度上也扮演着今天"网文"的角色。相对于"四书五经"，唐诗就是"网文"；相对于唐诗，宋词就是"网文"；相对于宋词，元杂剧就是"网文"；相对于元杂剧，明清时期的小说就是"网文"；相对于明清时期的章回小说，现当代文学就是"网文"。在这里，"网文"可以说是文学时代性的一个代名词。

随着时代的不断发展，文学的内容和形式都会随之不断变化。一种新的文体诞生之际，它常常会呈现出强烈的"草根"特性，与人们心中固有的经典气质迥异，但是，"草根"和经典之间并不存在着不可逾越的鸿沟，相反，文学的发展史反复证明：经典曾经是"网文"，就像任何一位圣贤在刚出生之际都是哇哇啼哭的婴儿一样。经典的形成与品质有关，也与时间有关。经过大浪淘沙，上一个时代中的"网文"精品，往往就会成为下一个时代人们心目中的文学经典。一部文学的发展史，从某种意义上也可说就是"网文"不断地成长为经典的历史。

同时，我们还应该看到，在网文不断成为经典的过程中，原有的经典并没有没落，它们沉淀了下来，依然具有永恒的文学价值、文化价值。不论今天网络文学的 IP 市场价值有多大，我们都不能据此否定四书五经和唐诗宋词的文化价值和经典地位。网络文学和传统文学的关系也大概如此。两者之间本来就不是你死我活的关系，而是相融共生、各安其位、各取所需的关系。在一个文化多元、市场细分的社会条件下，传统文学仍然有其不可替代的审美价值和文化属性。只不过，它的这一部分价值和功能有时很难通过市场变现的方式迅速体现出来而已。

可是，反过来说，市场变现能力从来都不是衡量文学作品的唯一标准。对文学作品而言，最理想的情况是"叫好又叫座",可真实的情况往往复杂:有些作品确实是"叫好又叫座",但也有一些作品是"叫好不叫座",还有一些文学作品是"叫座不叫好",当然最差情况也有,就是"既不叫好,也不叫座"。面对如此复杂的现象,我们切忌用一把尺子衡量,所该做的,恰恰是以达观的心态乐观其成。

上面这篇文章是我几年前为一家报纸所写的评论,请大家读后想一想:这篇文章的主要观点是什么?分论点有几个?文章各段之间是什么关系?……想好之后,就可合上书,用"富兰克林写作法"试着仿写了。仿写之后再对照一下原文,看看是否可以将其修改得好?

爱故乡更爱天涯

郑连根

我的老家是内蒙古赤峰,大学期间在北京上学,毕业之后到山东济南工作,然后就一直生活在了济南。就情感而言,我对内蒙古老家、北京和济南都有很深的感情,我赞美内蒙古的草原,也怀念在北京的读书生活,对济南这座"潇洒似江南"的城市更一往情深。这种状态大概能证明我是一个很好养活的人，就像一粒蒲公英的种子，被风吹到哪里，就在哪里生根发芽。

我日常的生活状态，是坐在书桌前读书和写作。绝大多数时候，我过的是非常安静的生活：远离人群，远离喧嚣，在独处的时光里，让目光扫过一行行的文字，或者让手指在键盘上敲出一行行的文字。这样的生活是极容易培养出"宅男"的，事实也是如此。我的日常生活确实很"宅"，我也很享受"宅"的状态，但是静极思动，我也会因为各种各样的机缘一次又一次地外出旅行。尽管习惯了"宅"，但我仍然喜欢外出旅行。每一次旅行之前，我都事先查阅资料，了解一下自己要去的那个远方，关注一下那里的风土人情和历史人文。旅行的过程，我一般都很投入，只要有可能，就调动"眼、耳、鼻、舌、身、意"六大感观，贪婪地收集远方的信息，享受着外出旅行的种种快乐。

回顾这些年来我走过的地方，每一次外出旅行都给我留下了美好的印象：去新疆，赛里木的湖水和野果子沟层层叠叠的绿色，让我心醉不已；夏塔古道雪峰之下的溪水声和那拉提草原的特有草香，让我久久不能忘怀。在山西，走在平遥古城的街道上，我感到时光仿佛静止，一下子停在了晋商发达、票号繁盛的年代。在敦煌，我爬鸣沙山，逛月牙泉，感慨大自然的鬼斧神工，竟然在沙漠之中奇迹般地存在着一眼泉，说这月牙泉是"上帝留在沙漠中的一滴眼泪"真的是恰如其分。我曾顶着炎炎烈日，去台东看太平洋，碧蓝碧蓝的天空，明亮明亮的阳光，酷热酷热的空气，还有一望无际的太平洋。还有一次，我搭乘渔民的捕捞船去远海。渔船在夜色中航行，抬头看见的是灿烂的星空，星光闪烁，遥远而无言；低头看见的就是茫茫的大海，近在咫尺。大海在黑夜中发出幽蓝的光，海涛声在宁静的夜晚格外清晰，仿佛是大海内心的律动，持续、从容，而且神秘。……在很多时候，这些美好的旅行都会刺激我产生写作冲动——我会用写文章的方式来记录旅行中的所见所闻，以及被远方唤醒的种种内心低语。

爱故乡，更爱天涯。如果说内蒙古是我的故乡，那么山东济南就算是天涯，我两者都爱；同样的道理，如果说日常坐在书桌前读书、写作是我的故乡，那么一次次的外出旅行就是天涯，我也两者都爱。故乡是我们来时的路，天涯是我们一次次的出发；故乡是我们日复一日的经营和守望，天涯是我们一次一次的远行和放飞；故乡是我们做人的本分和担当，天涯就是我们的梦想和远方；故乡是此岸，天涯是彼岸；故乡是常态，天涯是惊喜；故乡意味着坚守，天涯意味着坚守之后的迸发；爱故乡，爱的是平淡中的有条不紊、日日如常；爱天涯，爱的是旅途中的不停奔走，以及由不断奔走而领略到的变幻风景和心灵悸动；爱故乡，爱的不是苟且，爱天涯，爱的是诗和远方。

我爱故乡，也爱天涯。我爱坐在书桌前，日复一日地读书、写作，我也爱不定期地外出旅行。我爱这两种生活方式，我更爱能恰当地切换这两种方式的生活。

这是我几年前写过的一篇散文，请大家读后想一想：这篇散文的核心思想是什么？文中的"故乡"和"天涯"分别指什么？文章是如何完成从叙述到描写、从描写到抒情之间的转换的？……想好这些问题之后，再把文章读两到三遍，然后合上书，用"富兰克林写作法"试着仿写。仿写之后再对照一下原文，看看仿写得如何？

有了上述这番操练之后，相信你就会对"富兰克林写作法"的效用有了切身的体会，以后就可不断地用它来练习写作了。

写作中的慢哲学、深思考和严逻辑

当今时代，我们特别需要慢哲学、深思考和严逻辑。在众人随波逐流的时候，如果你能逆风前行，那么你就会与众不同，成为魅力十足的人；如果你能在写作中践行慢哲学、深思考和严逻辑，那你的文字也会变得魅力十足、闪闪发光。

——   主题词

引子

畅销书作家林少波先生说："快时代要有慢哲学，浅时代要有深思考，碎时代要有严逻辑。"今天的时代就是快时代、浅时代和碎时代。高铁和飞机能让人们在较短的时间里抵达远方，互联网技术让两个人不见面就能在线上聊天，阅读更是进入了碎片化的"屏读时代"——人们已然习惯了在手机屏幕上读各种"鸡血"和"鸡汤"，虽然这些东西并没有多少营养。

生活在这样的时代，我们在很多时候都需要有自己的慢哲学、深思考和严逻辑。这一点在写作上体现得更明显。越是在快时代、浅时代、碎片时代，我们的写作越需要慢哲学、深思考和严逻辑。

写作中的慢哲学

对写作者而言，慢哲学首先是一种心态，那就是不能浮躁，更不能急躁，要甘于寂寞，能沉下心来，坐在书桌前，一个字一个字、一句话一句话地写作。要做好长期、持续书写的准备，并把这种日复一日的劳作当成生活常态。这一点说起来很容易，但要是真正做到并非易事。很多人过分强调了写作者的天赋因素，而忽略了耐心、坚持的巨大力量。在我看来，后者对于写作者的成败极为关键，起码与天赋同等重要。一个人即便拥有很好的写作天赋，如果后天的坚持和努力不够，那他的天赋也很难充分发挥出来。一个人要将自己的写作潜能激活，并充分地发挥出来，那必然离不开长期的写作操练，而这种操练绝不是三天五日就能完成的。

在一个浮躁的时代，太多的人愿意挣"快钱"，都想着如何在短时间内获取更高的回报。其实，快速变化的时代依然有不变的真理：靠长期的努力去提升自己，永远是最稳妥最靠谱的成长之路。巴菲特的合作伙伴查理·芒格也说："得到一件东西的最好方式，就是让自己配得上它。"可以说，对于想努力提升自己而又一时不知从何下手的人来说，一个最可行的办法就是学写作。原因很简单，其一，写作能磨炼一个人的耐心，并激发其创作潜能；其二，写作对你以后从事任何工作都有帮助，能让人终身受益。

我们在写作中提倡慢哲学，就是提倡一种长期主义：不要总想着速成，要通过持久的努力做"时间的朋友"，让岁月见证我们慢慢地成长与进步。

以写一本书为例。还没写过书的朋友，一般都会认为写书很难，必须是才华横溢的作家、学者才能胜任的。其实，写书没那么难。我可以给大家算一笔账：你每天写 500 字，坚持一年，就能写 18 万字。一年之中，你休息两个月，写 300 天，那也能写 15 万字，这些文字足够出一本书的了。写 500 字，只需要半个小时左右的时间，一个人即便再忙，每天也能挤出半个小时的时间。就写这个动作本身而言，每天写五百字绝对不是一个多么大的工作量，但是日积月累地做一年，成果就很可观。我写《极简中国史》的时候，每天大约写 2000 字，一周写 1 万字左右，这个工作量也不是特别大，顺利的话，我通常一上午就能完成当日的写作任务。用了四个月的时间，我就写完了这本书。

在写作中践行慢哲学，就是要写作者有一种重视累积、长期坚持的心态。日积月累的力量实在是太大了，即便是写一本书，我们也不用着急。我们需要做的是，制定好规划，安排好节奏，然后，每天按计划推进。虽然每天的推进速度并不快，但日积月累下来，我们的写作效率并不低。

作家的写作状态是因人而异的，有的作家是"爆发型选手"，他们可能很长时间不写作，但一旦进入写作状态就不可遏制，写得又快又好。莫言就是这个类型的作家，他写长篇小说的时候，常常是一天写一万字左右，一两个月就能写出一部长篇小说。

不过，更多的作家是"稳定型选手"，他们几乎天天写作，每天或每周都有一定的写作任务，他们不让自己每天写得特别多，也不让自己每周写得太少，更不允许一周不动笔。日本作家村上春树就是这个类型的作家。他几乎每天都跑步锻炼，也每天都要求自己写满 10 页稿纸（大约 4000 字）。这种有规律、稳定输出的写作，能让一个作家非常高产。

不论是哪个类型的作家，写作都是"慢工出细活"。"爆发型选手"虽然看上去写得很快，但下笔之前，他们已在心中酝酿、构思了好久；"稳定型选手"刻意把写作安排得非常有规律，为的是调整好自己，以一种从容不迫的身心状态去对待写作。这种把写作当修行的做法，体现的更是一种慢哲学。

对大多数人而言，我觉得用"稳定型选手"的方式进行写作更容易操作，初学者更应如此。原因在于，初学者的表达欲望往往没有成熟作家那么强烈，所以，不容易找到不可遏止的"爆发"状态。如果非要找到灵感迸发的状态再写作，那么，最大的概率就是一直不动笔，将写作一事彻底荒废。写作中有灵感当然是非常好的，可是，灵感是不可靠的。我们不能等有了灵感再去写作，而是在日复一日的书写中增大获得灵感的概率。对此，美国著名作家杰克·伦敦说："你不能等灵感来找你，你得拿着棍棒去找它。"

我们提倡在写作中践行慢哲学，绝不是鼓励写作者搞拖延，迟迟不动笔。恰恰相反，慢哲学提醒我们，写作不是一件可以一蹴而就的事情，而是一个动态的过程。在这个过程中，我们要迅速做出"写"这个动作，并且高频次地强化这个动作。我们不用把一篇文章完全想清楚了再写，我们可以随时随地写下自己的想法、思路。只要写了下来，哪怕最初写的只是只言片语，它们往往也会"推"着我们写出一篇文章。

写作是一件很神奇的事情，如果只在大脑中构思，很多问题老是想不清，而一旦启动了"写"这个动作，原本混乱的大脑也随着一个字一个字地书写而变得清晰起来，所以，治疗写作拖延症最好的办法就是"写"。情况往往是，写下了第一句话，接着就能写出第二句话；写出了第一段，就会有第二段；写出了几段，再加工加工，就能写成一篇文章。有人说，"写"永远是写作者最好的老师，这话一点都没错。

那么，一个想学习写作的人，如何练笔比较高效呢？

"写"的密度和强度又该如何把握？这个问题因人而异，不同的人可以使用不同的方法。根据我教写作的经验和对大多数业余写作者的观察，我建议先从片段练习开始，即你不用每天写一篇完整的文章，先写片段即可，比如，学习了景物描写的方法，那就用一两周的时间，每天都写几百字的景物描写；学习了对话描写，那就每天写几百字的一段对话。这样，每天的写作难度都不大，写作任务也不重，容易坚持下来。初学者，坚持下来最重要。坚持了一段时间之后，写作水平提高了，再尝试去写整篇的文章。

在写作中践行慢哲学，还要克服"玻璃心"，练出"钝感力"。"钝感力"一词是日本著名作家渡边淳一提出来的，他写过一本书就叫《钝感力》。所谓"钝感力"，指的是"迟钝的力量"，也就是一种能从容面对挫折和伤痛的能力。渡边淳一本人说："钝感虽然有时给人以迟钝、木讷的负面印象，但钝感力却是我们赢得美好生活的手段和智慧。"

渡边淳一在书中"现身说法"，讲了一则早年他和小伙伴一块写作的经历。年轻时，渡边淳一和一个小伙伴一同学习写作，这个人比渡边淳一还有文学才华。作为文学新人，他们刚开始写作的时候经常遭遇编辑退稿，这是很正常的现象。可是，渡边淳一的小伙伴过于敏感，经受不住退稿的打击，"因过于敏感而消沉下去，也就不会再写小说了"。而渡边淳一本人则有钝感力，他遭到退稿也不气馁，仍然坚持写作。最后，渡边淳一成了日本非常著名的作家。

渡边淳一说："要保持甚或加强自己的生存能力，钝感力是必不可少的。与其有锐利的敏感度，不如对于大多数事物不要气馁，这股迟钝的顽强意志，就是得以生存在现代的力量，也是一种智慧。"

讲了这么多写作中的慢哲学，我们不妨套用一下村上春树的句式进行追问：当我们在谈论写作中的慢哲学时，我们到底在谈论什么？慢哲学中的"慢"到底指代一种怎样的精神特质？

在写作中使用慢哲学，就是要在写作中"动用足够的智力"。动用足够的智力，需要时间的慢慢发酵，也需要写作者个人的长期积累与坚持。"慢"就是给写作者留出宽裕的时空，为的是让他们笔下的文字摆脱奴性和俗气，拥有神性的力量——真正美好的文字，虽然没重量，但掷地有声；真正打动人心的文章，即便是在黑夜也能散发出恒星一般的光芒。

写作中的深思考

写作天然需要深思考。写作不仅是为了自我满足，而是为了创造价值——或者讲一个引人入胜的故事，或者普及专业知识，或者阐述某种新观念，或者介绍一些好方法。不管是哪一种，都要为他人提供文化价值。而要给读者提供文化价值，作者当然要有深思考。作者有深思考，笔下才能有干货。否则，你所表达的东西众所周知，那读者还有什么必要读你的文章？

大家都知道写作新手和高手在运用语言文字的能力方面有差距。新手往往词不达意，而高手则善于遣词造句，这当然是没错的，可是，很多人忽略了一点——语言是思维的物质外壳，遣词造句的表象背后，隐藏着的是不同写作者思考水平上的差距。如果把写作比作登山，那么，往往是思维的广度和深度决定了一个写作者最终抵达的高度。

举例来说，面对同一个社会现象，普通人只能看到最表面的那一点，而你看到了三点，那你针对这个现象写文章，就比别人写得好；别人看到了三点，你能看到五点，那你也能比别人写得好；别人也看到了五点，而你还思考了五点之间的联系，这样，你写出来的东西仍然会比别人好。

深思考是一种能力，它不能凭空获得，很多时候来自对知识的融会贯通。我们要善于把散落的知识点串联起来，建立起知识间的各种链接，使它们结成一张网。这张网上的每一个知识点都和其他知识点有千丝万缕的联系。如此一来，当你再学到一个新知识点的时候，你会习惯性地思考：这个知识点和哪些知识点有关联，它能被哪些知识解释？又可以去解释哪些知识？在学习生活中经常这样"结网"，思考的广度和深度自然会不断增强。

深入思考的能力，往往也是一个人综合素质的聚焦。一个拥有广博学识的人当然比普通人更能深入思考；一个博览群书的人大概率也会比一个只刷搞笑小视频、追肥皂剧的人更能深入思考；一个走过高山大海、看过人山人海的阅历丰富之人，大概率也会比闭门不出更能深入思考。

在世界一体化的今天，不同地域、不同国度的人，虽然说着不同的语言，有着不同的文化观念和生活习俗，但所有的人都是一个"命运共同体"。大家休戚与共，唇齿相依。任何地方发生了灾难，都是整个人类的灾难都值得我们用心倾听。

深思考走到顶层，是超越小我、心怀天下的大思考，是心怀慈悲、深情款款的大善良，是上下求索、勇于承担的大格局。

深思考，就是要我们把自己的心打成一眼深深的井，井里的水与大地上所有的水都能联通。井里的水能感知冬去春来、人间冷暖；井里的水能映射出世人的笑脸，也能倾听得到遥远的声音。

写作中的严逻辑

写作是书面表达，跟日常说话是两回事。我们日常面对面说话，可以借助手势、表情、语气等肢体语言来辅助表达。心理学家的研究表明，在人们日常面对面沟通的过程中，肢体语言的作用大于语言本身，具体的数据是：一个人说话时的表情、动作等肢体语言对整个沟通效果影响巨大，占比55%；而单纯的说话内容只占 7%，语速、语调等因素又占其中的 38%。人们的生活经验也可以为此提供印证：同样一篇演讲稿，让口才好的人上台演讲，就能讲得慷慨激昂，引人入胜。换一个口齿笨拙的人去讲，可能就会把听众讲得昏昏欲睡。"说什么"当然重要，但"怎么说"同样重要，因为"说什么"的表达效果，最终要靠"怎么说"去达成。如果在"怎么说"上做得太差，那么你说什么可能都没人买账。

然后我们再想：写文章能用表情、手势这些肢体语言吗？写文章能用语速快慢、声调抑扬顿挫这些技巧吗？答案是不能。

写文章的表达方式非常单一，就是一个字一个字地写出一句话，一句话一句话地写出一篇文章。只用文字一种手段就要把人吸引住，而且还要实现高效表达，这正是写文章与日常说话之间的最大差异，也是写文章让很多人感觉非常怵头的地方。

那怎么办呢？答案很简单，就是把文字表达的强项充分地发挥出来。

生活中我们都有这样的体会，一个人只要把他的强项发挥得特别突出，那他的弱项往往就被隐藏了，比如爱因斯坦，当人们纷纷赞叹他在物理学上取得的巨大成就时，他相对较差的生活自理能力也变得无伤大雅了。再比如"飞人"博尔特，他的强项就是跑得特别快。他创造了男子 100 米 9 秒 58 的世界纪录，曾在 2015 年的北京田径世锦赛上包揽了男子 100 米、200 米、4×100 米三项冠军。他的强项太突出了，人们记住的就是他在赛场上飞奔的身姿，而对他小学时的数学成绩根本不在意。

文字表达也是如此。作为书面语言，文字表达没法像日常说话那样用肢体语言加以辅助，也不能使用抑扬顿挫的声音技巧，但是，它的强项是逻辑严密、表意精准，而且还可以创作出超越日常的诗性话语，给人以独特的审美享受。

写作，在某种程度上说就是把文字的这些强项充分表现出来的一种心智活动。只要把文字的强项充分发挥出来了，那么，写作就成功了。

怎么样才能把文字的强项充分地表现出来呢？这就需要严逻辑来"救驾"了——写作一定要有严密的逻辑。很多时候，文章的逻辑性比文采还重要。没有文采，语言平淡，虽然也影响表达效果，但至少还能让人明白你的意思。可是，如果你的文章没有逻辑，思维混乱，那读者看了之后根本就不知道你在说什么。退一步说，你即便能把事情说清楚了，但只要在文字逻辑上存在不严谨的地方，就会让读者感觉到别扭。不信，请看下面的例子——

如果你妈妈让你去超市买东西，她对你说："你去买一斤芹菜，牙膏再买两管，瓜子你看着买两袋。哦，对了，洗发水要买一桶。另外再买一斤土豆。黄瓜如果新鲜也买一斤。别忘了买洗面奶。哦，对了，还有薯片。"

你听完这段话之后什么感觉？我估计绝大多数人还没等走到超市，就忘了该买啥了。

如果我们把这段话换作书面语（假设是妈妈给孩子写的一张便条），那效果就不一样了，请看——

孩子，请你帮我去超市买三类东西：蔬菜、零食和洗漱用品。蔬菜你就买芹菜、土豆、黄瓜，每样各一斤，买的时候看看新鲜不新鲜；零食买瓜子和薯片；洗漱用品买两管牙膏、一桶洗发水和一瓶洗面奶。

第二段话是不是表达效果明显优于第一段话？为什么会有这么大的差距？原因就是第二段话逻辑严密，而第一段话没有逻辑。第二段话对要买的商品进行了归类，而第一段话没有归类。归类，就是逻辑的一种。该归类的时候不归类，行文就缺乏逻辑。缺乏逻辑，文字就会给人以颠三倒四、信息杂乱之感。

日常生活中，人们面对面聊天，往往是边想边说，想的时间又比较短，所以，人们面对面聊天时往往会出现逻辑不够严密的地方，而且话题还经常转移，可是，写文章就不能这样。写文章是对内容进行充分梳理、思考之后的精准表达。写文章的时候，作者可以前思后想、反复斟酌，所以能够、也应该做到逻辑严密。哪些内容是并列关系，哪些内容是因果关系，哪些内容是递进关系……这些都要想清楚、写清楚；哪些话先说，哪些话后说，哪些信息可以省略，哪些信息需要强调……这些也需要用严密的思维逻辑去考量。

动用逻辑思维，表明作者对所写的内容进行了充分的梳理和分析。作者进行了这样的智力投入，无疑会使表达更加高效。人的思维天生具有发散性，有逻辑的表达，就是要从天马行空的想法中提炼出有价值的内容，再组织语言，条分缕析地加以呈现、论证。做到这一点，是作者对读者的基本义务和起码尊重。对此，美国畅销书作家芭芭拉·明托说："文章不但应该做到能清楚地表达你的思想观念，而且能让读者在接受观点的过程中感到愉悦。"

如何在文章中做到逻辑严密呢？这里给大家介绍三个小技巧：

1.宏观层面，搭建好文章的逻辑框架；

2.中间层面，理清素材之间的逻辑关系；

3.微观层面，注意遣词造句的逻辑连接。

先说文章的整体框架。写文章像盖楼房一样，都得先有整体的框架结构。楼打算建多少层？建好之后大体什么样？这得有设计图纸和效果图，然后按照设计图纸施工。写文章也一样，文章主要表达什么思想？内容分几个部分展开？各部分之间是什么关系？……这些要做到心中有数。写文章需要布局谋篇，指的就是这个。在宏观上搭建好逻辑框架，相当于为写文章做好了顶层设计。有了这种宏观上的逻辑框架，整篇文章才能成为一个有机整体。

文章的体裁不同，所使用的逻辑结构也不一样，比如，中学生写议论文，最常用的结构是：提出论点—分析论点（正面分析、反面分析）—总结论点三大块；记叙文多是按照时间顺序写清起始、过程、结果（偶尔用倒序、插叙等手法）。而如今大家经常在公众号上看到的"爆款文"，最常使用的结构是以下六个步骤——

第一步，先描述一个场景，引出一个吸引读者阅读的痛点话题；

第二步，针对话题，提出一个新鲜观点；

第三步，正面论述这个观点——小标题加案例；

第四步，反面论证这个观点——小标题加案例；

第五步，总结这个观点的现实价值；

第六步，给出具体的行动建议，呼吁大家去做。

自媒体写作常用的文章结构，是众多自媒体人从大量写作实践中摸索出来的，它非常符合"读屏时代"人们的阅读习惯和阅读心理。它本质上是议论文写作常用结构的一个升级版，也可以说是议论文写作在公众号上的一种转化、发展。

说完了文章的整体框架，再说素材之间的逻辑关系。素材是构成文章的一个个信息模块，模块与模块之间必须有逻辑关系，否则，文章就"散"了。文章素材之间常见的逻辑关系有以下几种：并列关系、递进关系、转折关系、因果关系……我们只有搞清了素材之间的逻辑关系，并按照恰当的方式来安排素材，才能使不同的素材各就其位，密切配合，发挥出最大的效果。

最后要说的是遣词造句上的逻辑连接。遣词造句是文章最微观、最具体的部分，但它同样不可忽视。俗话说"细节决定成败"，遣词造句就是文章的细节。再好的顶层设计都需要具体操作去一步步地实现，整篇文章的逻辑严密必然体现在每一句话的逻辑严谨之上。

当然，文学性强的写作可以使用象征、跳跃等修辞技巧，这些表达表面上看好像不符合惯常逻辑，可是，作为修辞技巧，它们符合文学的审美逻辑，所以本质上仍然是符合逻辑的，而且，不同的文体，对语言文字的逻辑要求是不一样的。写诗歌不能使用论文那样的语言，写小说也不能使用工作报告那样的语言，所以，写作本身并不存在一个刻板的一成不变的语言逻辑，不过，每一种文体都有它所要遵守的语言逻辑。就普遍的写作规律而言，语法就是最底线的语言逻辑。如果写的句子都不符合语法规范，那么大概率也就违反了逻辑。

小结

让我们重温林少波先生的那句话："快时代要有慢哲学，浅时代要有深思考，碎时代要有严逻辑。"时代趋势是一股不可抗拒的力量，但同时，与趋势对抗也是一股力量。两种力量相生相克，才能让时代发展得更加健康、稳定。

当今时代，我们特别需要慢哲学、深思考和严逻辑。在众人随波逐流的时候，如果你能逆风前行，那么你就会与众不同，成为魅力十足的人；如果你能在写作中践行慢哲学、深思考和严逻辑，那你的文字也会变得魅力十足、闪闪发光。

第二章
收集信息

一个拥有良好写作能力，并长期坚持写作的人，注定是热爱生活、善于学习、不断进步的人。

把写作建成一个系统

主题词 —— 持续、稳定的写作能力，需要五大版块来支撑，这五大版块分别是输入版块、处理版块、输出版块、反馈版块、延伸版块，这五个版块构成了一个相互支持的写作系统。

写作是一个系统工程，它表面上看只有"写"这一个动作，可是产生这一动作需要前提，这个动作之后还要有后续手段。可以说，写作是一个环环相扣的链条，只有对写作的本质及其整个链条有清晰的认识，我们才能有针对性地进行训练，从而快速提高写作水平。

写文章是思维活动的有意聚焦和文字呈现。散乱的思维活动必须经过有意聚焦才能进入到写作状态，也只有进行有意的聚焦才能让人从惯常的思维活动中提炼出有价值的信息，并用文字将其凝固下来。

写作要先有思维上的有意聚焦，这意味着它不是一件可以瞬间爆发的事情，需要有长期的积累和酝酿。有的时候，我们在灵感突发的状态下顺利地写出一篇文章，那实际上也不是瞬间完成的，而是我们此前有了相当的积累。所谓的灵感，则是点燃此前的种种积累的最后一个思维火苗。

对写作活动有了上述的认知后，我们就能明白：把写出好文章完全寄托在灵感爆发之上是多么不靠谱！灵感是可遇而不可求的，如果一个作家只有在灵感爆发的时候才写作，那他的写作如何持续进行？

关于灵感，美国作家杰克·伦敦有一句话说得非常好，他说："你不能等灵感，你得拿着根棒子追寻它。"我真实的写作体会是：不是有了灵感才去写作，而是在不断写作的过程中一次次地获得灵感。你写得越多，获得灵感的概率也就越大。这样的逻辑才是正常的、可靠的。

不靠灵感，那我们靠什么形成持续、稳定的写作能力呢？我个人认为，持续、稳定的写作能力，需要五大版块来支撑，这五大版块分别是输入版块、处理版块、输出版块、反馈版块、延伸版块，这五个版块构成了一个相互支持的写作系统。

1. 输入版块

所谓输入版块，指的是收集信息的能力。写作是一种高强度的信息输出，你要想持续地输出，必须先输入。俗话说，巧妇难为无米之炊，如果没有食材，再高明的厨师也做不出美味可口的饭菜来。同样的道理，如果一个人头脑空空，压根就没有表达的欲望，总感觉"无话可说"，那他又怎么能写得出锦绣文章？所以，要想写出好文章，就必须先建立一个特别高效的输入机制。你要在平时特别用心地收集信息，收集的方式包括亲身经历、观察、感受、阅读等。事实上，一个人只要早上睁开眼，就时刻处于各种网状信息的包围之中。我们缺的不是信息量，而是高效收集信息的能力。这正如罗丹所说："生活中不是缺少美，而是缺少发现美的眼睛。"

搭建一个稳定的输入系统有哪些有效途径呢？我的经验是：建立一个写作资料库，随时搜集写作素材。你建立的这个写作资料库，可以是电脑中的一个文件夹，可以是手机上的记事本，也可以是传统的纸质日记本。当然，也可以上述几种方式混合使用，但不管怎么样，都应该在平时注意积累写作资料。

比如，在生活中观察到某一处风景，很有感触，那就写一段文字，放到资料库中；读到一本好书，也把书中特别触动心灵的点记下来，放到资料库中；看了一部好看的电影，也可以把电影中的金句记下来，放到资料库中；跟人聊天，聊天过后也不妨把他打动你的观念和说法记下来，存进资料库；在微信上看到好文章，也要及时收藏，以便日后查阅。写作资料库建立之后，还要经常翻阅，做到对自己的"库存"心中有数。这样，当真正写作的时候，你才能方便地从资料库中调出"储备物资"。

2. 处理版块

处理版块是承接着输入版块的。如果说输入版块考量的是一个人收集信息的能力的话，那么，处理版块考量的就是一个人的思考能力和整合能力。在这一阶段，你要对收集的信息进行归类、分析、整合、取舍等。只有经过了大脑的"处理"，你所收集的各类资料才能在写作时为你所用。

3. 输出版块

第三个系统是输出版块。输入版块和处理版块都是为输出服务的。写作最核心的能力就是持续的内容输出能力。输出的核心是写作技巧，落实到操作层面就是精准地运用语言文字的能力，这也是所有写作者都重点关注的部分。

4. 反馈版块

第四个系统是反馈版块。它指的是要将所写的文字尽可能地呈现在公众面前，接受读者的评价和市场的反馈。有的同学可能会问了，为什么一定要把文章呈现在公众面前？把写出的文章默默地藏进自己的抽屉，难道不行吗？我的理解是，外界的反馈会极大地推动我们持续地写作，同时，它还能更快地提升我们的写作能力。通过外界的反馈，我们能够更清楚地看到自己在写作上的优势和不足。优势的地方，我们继续发扬；不足的地方，则要一点点改进。更关键的是，通过外界的反馈，写作者能更好地感受到时代的文化脉搏，能与自己的读者形成良性的互动。

可以说，一个人若想持续进行写作，并不断提高写作能力，那就应该努力建立自己的反馈渠道。建立反馈的方式有很多，比如，可以向报纸、杂志、网站等媒体投稿，公开发表自己的文章；也可以建立自己的公众号，在公众号上发表自己的文章；还可以在简书、知乎、头条等互联网平台上注册自己的账号，在账号上发表自己所写的文字。不论通过哪种渠道发表自己写的内容，都可以收到读者的反馈。读者的表扬是对你的鼓励，读者的批评也能让你知道自己的不足之处。通过点赞、转发的数量，你甚至可以分析出一篇文章的受欢迎程度及进一步改进的方向。通过不断改进，你的文章肯定会越写越好。

5. 延伸版块

最后一个是延伸版块。所谓的延伸版块，指的是通过写作训练出来的能力，可以延伸到工作和生活的其他领域，为自己的成长助力，为自己的发展赋能。一个人拥有良好的写作能力，意味着他处理复杂信息的能力优于常人，他思考问题的深度、广度和角度一定有可取之处，他观察问题和解决问题的能力通常不会差。而这些能力，都是可以转移到其他方面的。我们甚至可以说，一个拥有良好写作能力并长期坚持写作的人，注定是热爱生活、善于学习、不断进步的人。这样的人，他的表达能力、思维能力和审美能力不会差；这样的人，都很有毅力；这样的人，取得好成绩也是顺理成章之事。

行动建议：练习写讲书稿

最近一个月，你读过哪些好书？选择最打动你的那本写一篇讲书稿。

为什么建议大家写讲书稿呢？因为它几乎涵盖了写作活动中的各大版块，包括输入、处理、输出、反馈和延伸等各个环节。对于已经有相当写作基础而又感到缺少写作训练"抓手"的人来说，写讲书稿实在是一个不错的选择。它既能以写促学，写作者能通过写讲书稿倒逼自己多读书，同时写讲书稿还让我们提高阅读质量——为了写讲书稿，我们读书的时候会格外认真。

写讲书稿的正确姿态是，你设想好朋友就坐在对面，你给他讲这本好书。为了不遗漏重要信息，讲书稿中的内容一般包括以下几个部分：图书内容简介、作者简介、书中打动你的细节、与作者和这本书相关的其他内容，比如这本书的影响力、这个作家的相关趣闻等。如果要讲述的这本书比较专业，那你可能还要为读者补充相关的背景知识。

写好讲书稿之后，你还可以试着给各种讲书平台投稿。如果你的稿子被选用，他们不仅会给你一笔不错的稿费，而且还会选专业的播音员把你的稿子录成音频，放在平台上播放。听着自己写的稿子被播音员声情并茂地读出来，这不也是一件很美好的事吗？

　　为了让大家对讲书稿有一个更直观的感受，我选一篇自己在 2019 年为一家互联网读书会写的讲书稿，讲的书是美国历史学家伊沛霞撰写的《宋徽宗》。讲书稿有一些基本的格式，大家在写讲书稿的时候也可参照一下。

《宋徽宗》讲书稿

　　您好，这里是 XX 读书会的"新书来了"。今天为您介绍的新书是美国历史学家伊沛霞撰写的《宋徽宗》。

　　宋徽宗是中国历史上颇具艺术才华的皇帝，在绘画、书法等领域拥有极高的造诣。在书法史上，他创造了独树一帜的瘦金体书法；在绘画上，他画的花鸟画，现在已是传世名画。可是另一方面，宋徽宗也是中国历史上有名的"昏君"。才华横溢的艺术家和昏庸无道的亡国之君就这样天衣无缝地集中在了宋徽宗一个人的身上。那么，这一切到底是怎么发生的呢？还有，抛开"昏君"和"艺术天才"的标签，宋徽宗本人到底是怎样一个活生生的人呢？伊沛霞所写的这本《宋徽宗》就试图对这些疑问做出新的解答。作者积十年之功写这本书，就是要跳出传统历史学家对宋徽宗的成见，力图呈现一个立体化而非脸谱化的宋徽宗形象。

作者伊沛霞是美国华盛顿大学历史系教授，她所写的《剑桥插图中国史》一书深受读者的喜爱。此外，她的著述还有《早期中华帝国的贵族家庭：博陵崔氏个案研究》《内闱：宋代的婚姻和妇女生活》等。2014年，为了表彰伊沛霞在学术研究上的贡献，美国历史学会为她颁发了终身成就奖。

伊沛霞写宋徽宗，以人物生平为顺序讲述了宋徽宗的一生。宋徽宗赵佶是宋神宗的第十一个儿子，宋哲宗的弟弟。他生于元丰五年，也就是公元1082年。他原本与皇位无缘，但哥哥宋哲宗英年早逝，他于公元1100年当上了皇帝。登基伊始，他锐意恢复新法，也就是重新启动当年王安石变法的一些措施，比如，扩大教育与社会福利的规模，力图重新实现富国强兵的目标。他甚至还梦想着收复燕云十六州，完成伟大的强国使命。

可是另一方面，宋徽宗本人也有着极其严重的性格缺陷。他好大喜功，在位期间重用奸臣蔡京、童贯、王黼（fǔ）、梁师成等人，这些人大肆敛财；宋徽宗本人也喜欢享乐，他建立专供皇室享用的物品造作局，四处搜刮奇花异石，用船运至京城，称为"花石纲"。宋徽宗信奉道教，大建宫观。他的这些极昏庸、奢侈之举，耗费了大量的民脂民膏引发了方腊起义。

最关键的是，在宋徽宗统治期间，女真人在北方建立了金国。在宋、辽、金三个政权极其复杂的外交形势下，宋徽宗做出了致命的错误决策——"联金灭辽"。其实，北宋朝廷在讨论是否"联金灭辽"时，多数大臣都是持反对意见的。他们认为契丹人建立的辽国是"友邦"，而女真人建立的金国是"强敌"。一旦金兵灭掉了辽国，就会顺势长驱南下，侵略大宋，但是，宋徽宗没有听取大臣们的意见。而且，为了避免受到大臣们的掣肘，宋徽宗瞒着朝廷，派遣使者到金国去秘密谈判，谈判所遵循的旨意则完全来自宋徽宗的御笔诏书。宋徽宗这一错误决策直接导致了"靖康之变"。公元1120年，北宋遣使与金国订立盟约，夹攻辽国。结果，金兵灭掉辽国之后，很快就挥兵南下，进攻北宋了。公元1125年，金兵入侵北宋，宋朝岌岌可危。危急时刻，宋徽宗将皇位禅让给自己的儿子赵桓，是为宋钦宗。

宋徽宗留下的烂摊子，宋钦宗当时已经没法收拾了。公元1126年（靖康元年）金兵攻占了北宋的都城汴京。公元1127年，金兵将宋徽宗、宋钦宗二位皇帝，以及后妃、宗室等近15 000人掳走，北宋至此灭亡，史称"靖康之变"。宋徽宗被押送北上，先被关押于韩州（今辽宁省昌图县），后又被迁到五国城（今黑龙江省依兰县）。在被囚禁9年后，宋徽宗于公元1135年死在了五国城，享年54岁。

作者在讲述宋徽宗生平故事的时候，对宋徽宗的个人魅力着墨甚多。作者认为，宋徽宗是一个很有个人魅力的人，"他很聪明，饱读诗书，在儒家礼仪、道教天界、音乐和药物学等广泛领域委派专家进行研究""他能宽容地对待别人的过失，还很喜欢向交往的人赠送礼物"。当然，作者更不会忘了表扬宋徽宗在艺术上的出色才华，所以，总的来说，作者是抱着深深的同情来写宋徽宗的。这样的写作视角，矫正了传统史观的单一面相，有助于人们认识一个更鲜活的宋徽宗，也有助于人们理解更复杂的历史风云。

伊沛霞的《宋徽宗》一书的主要内容就是这些。简单概括一下，在这部书中，伊沛霞以"同情与理解"的心态为宋徽宗写传。在她的笔下，宋徽宗是一位拥有个人魅力和艺术才华的皇帝。他虽然是一位"亡国之君"，但他的艺术才情、个人魅力也不应该被忽略，而他的悲剧命运，值得我们深思。

讲完这本书的主要内容，我还想从这本书中提炼出三个话题点，以丰富您对本书的认识。

1. 宋徽宗与蔡京的关系。蔡京是个大奸臣，他为什么能得到宋徽宗的重用呢？本书给出了解释。首先，蔡京是一名非常高效的行政管理者，他能够从禀告给皇上的大量问题中迅速理出头绪，并提出相应建议。其次，蔡京是一位理财高手。宋徽宗要修建宫殿、道观，推广福利事业，这些都需要资金支持，而宋朝的财政一直捉襟见肘。对此，蔡京却有办法，他通过推行或扩大盐业专卖、茶叶专卖等措施，来消除政府赤字。这一点让宋徽宗非常满意。其三，蔡京善于揣摩宋徽宗的心思，知道如何与宋徽宗打交道，也知道什么事情会吸引宋徽宗。

2. 宋徽宗并没有夜访李师师。一些野史和小说中都记载过宋徽宗夜访李师师的故事，版本一般是这样的：李师师是北宋时的一位名妓。一天夜里，诗人周邦彦正在李师师的住处。突然听到宣旨，说宋徽宗来了。周邦彦仓促之间来不及躲避圣驾，只能躲到了床下。后来，他还根据自己偷听到的内容填写了一首词。宋徽宗听到有人传唱这首艳词后非常生气，下令将周邦彦逐出京师。本书中，伊沛霞经过考证认为，这个故事是杜撰的，原因是时间不符。根据王国维的考证，李师师可能比宋徽宗年长几十岁，宋徽宗出生前后李师师已是名妓。待宋徽宗到了 30 多岁时，李师师已经老去，两人不可能再发生艳情。

3. 宋徽宗有 65 个子女，是帝王中子女最多的人。作者说，在中国的皇帝中，没有人在生育能力方面胜过宋徽宗。与他的子女数量最接近的人是唐玄宗，有 60 个子女；接下来是明太祖，有 42 个。清朝在位时间最长的皇帝是康熙，他有 35 个子女，而乾隆有 27 个子女。为什么宋徽宗能有这么子女呢？一是他没有困扰很多帝王的生育问题，"他能够而且愿意使几位嫔妃差不多同时怀孕"；二是宋徽宗"是一位喜欢女性的男人"，喜欢和嫔妃们待在一起，对其中的很多人还很有感情；三则归功于宋徽宗的医学知识和道教修行。

讲完《宋徽宗》这本书的内容之后，还想谈一下我读这本书的体会。简单地说，我对伊沛霞写的这本《宋徽宗》的欣赏与批评均源于作者对宋徽宗的深切同情。因为对宋徽宗报以深切的同情，所以作者笔下的宋徽宗比传统史书呈现给人们的宋徽宗更加立体、丰满，这是我所欣赏的地方。不过，我也不得不说，伊沛霞对宋徽宗的同情实在是一把双刃剑，这份情感在让作者充分描绘出宋徽宗个人魅力的同时，也让作者有意无意地替宋徽宗做了辩护，比如，宋徽宗任用蔡京为相，两人联手打击异己、迫害政敌，他们立"元祐党籍碑"，将反对派全部列入"黑名单"。上了"黑名单"的元祐党人，本人被逐出京师，子孙也被限制从政。对此，伊沛霞认为："黑名单是一种对权力的主张，它表明皇帝有权选择自己的臣子，也完全不必任用那些反对他的政策的人。"这样的解释，显然是替宋徽宗辩护。宋代一直有"皇帝与士大夫共治天下"的立国传统，皇帝在治理国家的过程中必须与大臣通力合作。任何一项重大政令的出台，都必须经过朝臣的充分讨论。宋徽宗和蔡京设置"元祐党籍碑"，显然挑战了宋朝"皇帝与士大夫共治天下"的政治原则，因此我感觉，伊沛霞对宋徽宗的"同情和理解"有一些很好，而有一些则太偏袒宋徽宗了。

好了，以上就是伊沛霞所著《宋徽宗》一书的核心内容。感谢关注××读书会，下期再见！

推荐语

美国历史学家伊沛霞的《宋徽宗》是一本关于宋徽宗的传记。在中国人常见的历史叙述中，宋徽宗是一个有着"昏君评价"的反面形象。可在本书中，作者以一种"同情与理解"的视角，通过丰富的史料和细节，重塑了宋徽宗的形象——宋徽宗固然是亡国之君，他确实要为宋代的靖康之耻负责，但也不能因此就忽略他其他方面的才华。他是中国历史上最有艺术才华的皇帝，在绘画和书法上有着极高的艺术造诣；他也有追求荣耀的帝王雄心，并为此做出过种种努力，只可惜，他的努力最终以悲剧收场。

阅读本书，你将收获：

1. 对宋徽宗这位中国历史上颇具艺术才华的皇帝有更深入的认识，对宋代社会有更直观的感受。

2. 学会用一种同情的眼光去看待所谓的"昏君"宋徽宗——昏君其实也是人，有性格缺陷，也有个人魅力。他有雄心抱负，也想做一位成功的帝王，可是，他最终还是失败了——由于失败，他的缺点在历史上被放大了，而他的个人魅力则较少被提及。

3. 这是一本美国历史学家写的关于中国皇帝的传记。通过读这本书，我们可感受到西方学者研究中国历史的不同视角和方法。

书中金句

1. 从理论上讲，皇帝拥有所有的权力：他可以颁布法律，也可以按照自己的意愿任命或罢免官员，但实际上，他必须做通官员的工作，因为他们有各种方法抵制自己不希望实施的举措，同时，因为每天都要与相互之间强烈不满的官员打交道，徽宗不得不学会如何筛选、评估他们提出的常常相互矛盾的建议。

2. 在带有政治含义的绘画中，有必要区分那些纯粹为了逢迎统治者的作品，以及作为某种宣传形式去影响更广泛受众的作品。中国的宫廷与世界上其他的宫廷一样，都是将阿谀奉承上升为一种高级艺术的地方。

3. 早在登基之初，徽宗就逐渐认识到，发起一项工程并看到它一步步完成，是非常令人满足的事情。

4. 徽宗还年轻时，就已经对自己的书法足够自信，愿意让它成为自己的象征。

5. 王夫之指出，徽宗并不似隋炀帝等前朝皇帝那样奢侈，蔡京也并不比唐朝的李林甫等历代主要辅臣恶劣，但降临在徽宗身上的灾难却要沉重得多。

注：讲书稿中的"推荐语"和"书中金句"是放在页面上的，是供书友"看"的，整个文稿则是供播音员"读"，供书友"听"的。

如何高效地收集信息

著名的心理学家、科普作家史蒂芬·平克说："写作之难，在于要把网状的思考，转化为树状的结构，再用线形的文字表达出来。"

—— 主题词

　　在讲写作课之前，我读了很多讲写作的著作，这些著作让我受益匪浅。综合各家之说，再结合我 20 多年来的写作体会，我对写作活动有了这样一个认知：写作能力，表面上看是一个人驾驭语言文字的能力，可文字背后暗含的是处理复杂信息的能力。写作能力，本质上讲就是指一个人处理复杂信息的能力。这种能力包括如何搜集信息、如何整理信息、如何分析信息、如何输出信息、信息输出之后怎么接受反馈、有了反馈之后调整优化等诸多环节，这是一个环环相扣的链条。

　　今天，我们身处的时代就是一个信息时代，大家每天都要接触到许许多多的信息。互联网技术的飞速发展，让人们在短短的二三十年间内就从信息匮乏的时代过渡到了信息过剩的时代。这种转变极大地促进了社会的进步，刺激了经济和文化的发展，但同时也对人们处理信息的能力提出了更高的要求，比如，我们现在获取信息太方便了，每天都有大量的信息迎面而来。哪些信息是真，哪些是假？哪些信息有用，哪些信息没用？有用的信息，如何收集起来？没用的信息，又该如何降低它们对我们的干扰？这些都是我们必须面对的问题。有人可能要问：既然今天已经变成了一个信息过剩的时代，我们在信息过剩的社会环境中工作、生活，又该秉承什么样的原则呢？对这个问题，我觉得王潇在《五种时间：重建生活秩序》一书中提炼出的一句话特别好，她说："信息流应该为你生命中的事件流服务，而不是让事件流反过来被信息流击溃。"大家可以细品一下这个说法。

可以说，即便是从处理复杂信息的角度出发，我们学习写作也是大有好处的。

好了，言归正传，我们来谈一谈如何高效地收集信息。著名的心理学家、科普作家史蒂芬·平克（《人性中的善良天使》的作者）说："写作之难，在于要把网状的思考，转化为树状的结构，再用线形的文字表达出来。"他的话道出了写作所要做的三次信息转化工作，即网状的思考、树状的结构和线性的文字。

在我看来，史蒂芬·平克所说的"网状的思考"，指的是收集信息、整合信息和分析信息的过程，这些是写作的前期准备。

写作者要学会"网状的思考"，首先就要善于收集信息。怎样高效地收集信息呢？原则上讲，就是要像初次进贾府的林黛玉那样，"时时在意，处处留心"。现实生活中，粗枝大叶的人总是多数，而用心观察生活、留意收集各种有用信息的人注定是少数，所以，一个人只要肯用心，他就总会在自己感兴趣的领域收集到比普通人多得多的信息。

一、善用"六根观察法"

除了"时时在意，处处留心"这个原则性的技巧之外，写作者收集信息也有一些切实可行的方法论，比如，我们在日常生活中就要善用"六根观察法"来观察。所谓"六根观察法"，就是指我们在观察景物或场景时，要调动眼、耳、鼻、舌、身、意这"六根"（六种感官）来全面地观察，以收集到尽可能多的信息。

搜集到信息之后，经过整理、分析，再进行景物描写或场景描写的时候，我们也要遵循"六根观察法"，将信息多维度地传达出来——不光只写眼睛看到的，还要写耳朵听到的，鼻子闻到的，舌头尝到的，身体接触到的，以及你自己的内心感受。这样的景物描写或场景描写，由于传递信息的维度多，调动读者的感官体验也就多。立体而丰富的信息给予读者的身临其境的感受，比如，莫言的小说《红高粱》中就有这样一段描写——

七天之后，八月十五，中秋节。一轮明月冉冉升起，遍地高粱肃然默立，高粱穗子浸在月光里，像蘸过水银，汩汩生辉，我父亲在剪破的月影下闻到了比现在强烈无数倍的腥甜气息。那时候，余司令牵着他的手在高粱地里行走，三百多个乡亲叠股枕臂，陈尸狼藉，流出的鲜血浇灌了一大片高粱，把高粱下的黑土地浸泡成了稀泥，使他们拔脚迟缓。腥甜的气味令人窒息，一群前来吃人肉的狗，坐在高粱地里，目光炯炯地盯着父亲和余司令。余司令掏出自来得手枪，甩手一响，两只狗眼灭了；又一甩手，灭了两只狗眼。群狗一哄而散，坐得远远的，呜呜地咆哮着，贪婪地望着死尸。腥甜味愈加强烈，余司令大喊一声："日本狗！"他对着那群狗打完了所有的子弹，狗跑得无影无踪。余司令对我父亲说："走吧，儿子！"一老一小，便迎着月光，向高粱深处走去。那股弥漫着田野的腥甜味浸透了我父亲的灵魂，在以后更加激烈更加残忍的岁月里，这股腥甜味一直陪伴着他。

　　你看，莫言在这段描写中，写了眼睛看到的月色（视觉），写了鼻子闻到的腥甜味（嗅觉），写了脚踩在已成稀泥的高粱地里拔脚迟缓的感受（触觉），写了余司令掏出枪来打野狗以及对野狗的咒骂（听觉）。这样的描写，之所以能给读者以身临其境的感觉，很重要的原因就在于他调动了读者多维的感官，传递出来的信息也是多元而立体的。

大家可以回想一下，我们去了一个陌生的地方，或者见一个陌生人，真的有调动"六根"的习惯吗？如果有这种习惯，那证明你是一个"有心人"。

　　能于常人忽视、忽略的地方有所发现、有所体悟，这是写作者必备的一种敏感。美国作家亨利·米勒说："艺术家是什么？就是那些长着触角的人，是知道如何追逐空气中、宇宙中涌动的电流的人。"写作者也应该成为"长着触角的人"，我们要在生活中认真观察、用心搜集各种有用的信息。杨绛在《我们仨》一书中写道，钱钟书、杨绛和女儿钱瑗一家三口去饭馆吃饭，在等待上菜的过程中，钱钟书和钱瑗会仔细地观察其他客人的言谈举止，并且，两人像"看戏一样着迷"。这就是认真观察生活、用心搜集信息的经典案例。

二、通过阅读收集信息

　　除了在生活中用心观察外，阅读也是我们高效收集信息的一种重要手段。写作是高强度的内容输出，要想持续地进行内容输出，首先就得有大量的内容输入。写作者读书，除了娱乐和学知识外，还要从读书中学习写作技巧，从读书中获得写作灵感，从读书中搜集写作素材，甚至从读书中诞生并完善自己的写作创意。

1. 用写作者的身份去读书，我们阅读时的思考维度就会

比常人多不少。 普通人读小说，可能只关心情节的发展和人物的命运，而写作者读小说的时候还会在这些之外去思考：作者是如何构思的？他的这个故事，哪些地方写得好？哪个桥段堪称经典？我能从中学到什么？

2. 以写作的视角去读书，读书的时候我们就会特别留心。 遇到可能有用的材料，我们要及时标注、搜集起来；遇到打动我们的描写，我们会画出来，以便日后重读；读到金句，我们甚至会抄在笔记本上，用心琢磨作者是如何写出来的。以写作的视角去读书，读书的效能会大大提升。

三、建立知识链接

收集信息之外，我们想拥有良好的"网状思考"能力，还要善于"结网"——对各类信息进行整理、分析，使之产生链接。我们要善于把散落的知识点串联起来，建立知识间的链接，将它们结成一张网。这张网上的每一个知识点都和其他知识点有千丝万缕的联系。如此一来，当你再学到一个新知识点的时候，你会习惯性地思考：这个知识点和哪些知识点有关联，它能被哪些知识解释？又可以去解释哪些知识？在学习生活中经常这样"结网"，思考的广度和深度自然会不断增加。

做到了高效收集信息，然后再对信息进行整理、分析，这是完成写作中的第一次信息转化，即"网状的思考"的阶段。"网状的思考"虽说只是"写"前的准备，但是，它是触发写作的基础。兵法云"兵马未动，粮草先行"，若把写作比作打仗，那么学会高效地收集信息并完成"网状的思考"，也就等于完成押粮运草的战前准备了。

创建写作资料库

主题词 —— 对军队而言，后勤保障系统必不可少，正所谓"兵马未动粮草先行"；对写作者而言，积累素材就相当于创建自己的"写作后勤保障系统"。

"巧妇难为无米之炊"，没有食材，水平再高的厨师也做不出美味的大餐。同样道理，如果没有素材，再厉害的作家也写不出好文章，因此，积累素材就成了写作过程中非常重要的一件事。

我们不妨先看一位著名作家积累素材的案例。李敖是著名的学者、作家，他一生出版了100多本著作，总字数超过3000万。他之所以能写出这么多的著作，就与其善于收集资料、积累素材密不可分。李敖曾在电视节目中讲过其"大卸八块"读书法：他买书会一本书买两本，一本为了收藏，一本用来阅读和切割。他读书时会准备好剪刀、糨糊，看到自己需要的资料就动手剪下来，贴在卡纸上，制成资料卡。他有很多夹子，用来分门别类地放资料卡。资料卡的类别有战争、宗教、外交、建筑等，每个大类别之下还有更细的小类，比如宗教之下再细分为佛教、道教、基督教、伊斯兰教等。他用这种方法积累了海量的资料和素材，建立了一座私人图书馆式的资料库。有了这个强大的资料库，他写作时就非常方便，需要相关资料，"按图索骥"即可查到。

从李敖的案例中，我们可得到如下启发：建立写作资料库非常重要。对军队而言，后勤保障系统必不可少，正所谓"兵马未动粮草先行"；对写作者而言，积累素材就相当于创建自己的"写作后勤保障系统"。

那么，创建写作资料库的本质到底是什么？其实，此事的本质相当于给我们打造一个"外挂大脑"。为什么这么说呢？因为绝大多数的人都没有过目不忘之才，不能把有用的资料、素材都记在脑子里（即便暂时记住了，可能也会忘），那我们就把这些素材都记在资料库中，以便日后可随时查找、调取。俗话说"好记性不如烂笔头"，那我们就不妨用"烂笔头"来弥补记忆力的不足吧。

以前的作家、学者基本上都是靠做笔记来建立自己的写作资料库的。季羡林先生为了写《糖史》，曾天天到图书馆去读古籍，遇到与糖有关的资料就抄在笔记本上。经过六七年的奋战，季羡林先生写出了《糖史》一书。这部著作用大量事实证明，糖和制糖术一直在中国、印度、南洋、伊朗和阿拉伯国家之间交流和传播。《糖史》勾勒出了这些交流的路线，考证了交流的年代、集散的口岸以及制糖水平逐步提高的历史过程。在季羡林先生之前，有关糖的文献资料零散地分布在浩如烟海的典籍之中。这些材料经过季羡林先生的用心收集、整理和研究，就转化成了极有价值的学术著作。

季羡林先生治学，堪称"聪明人下笨功夫"的典范——他先用聚沙成塔的方式大量占有资料，然后再勤奋著述。这样的做法，没有任何投机取巧，下的都是硬功夫，做出的也都是真学问。

如今，我们生活在网络时代，先进的网络工具为我们收集资料、积累素材提供了巨大的便利。我们不用再像李敖那样用"大卸八块"读书法去积累资料了，也不用再像季羡林先生那样先逐字逐句地阅读浩如烟海的典籍，再一个字一个字地把需要的资料抄写下来了，但是，这两位前辈注重资料积累的意识依然值得我们学习。路遥写《平凡的世界》，为了把握宏观的政治背景，他翻阅了十年间的《人民日报》；为了了解大学生的生活，路遥特意跑到西北大学去观察，还抄下了大学食堂的菜单和价格。美国作家阿瑟·黑利写小说，对小说中涉及的每个行业都要先做一番深入的调查研究。他写《航空港》时曾用一个通宵的时间去机场体验生活，观看机场邮局分拣邮件、装机的整个过程。对写作者而言，查资料也好，体验生活也罢，实际上做的都是搜集写作素材的工作。没有平时的长期积累，想突然之间就写出好作品是不现实的；没有平日的持续努力，想突然之间就散发出耀眼的光芒也是不可能的。

那么，我们今天该如何建立自己的写作资料库呢？

1. 积累素材先要进行取舍。今天是一个信息泛滥的时代，我们不能什么素材、资料都搜集，只能选定一个或几个自己感兴趣的领域，划定一个大致的范围。有了重点，我们积累素材、收集资料才能更加高效。

拿我自己来说，我主要写文史方面的书，所以，我日常搜集的写作素材也多集中在历史、文学和其他相关的社科领域。遇到这些方面的有用资料，我就会用各种办法将其纳入自己的写作资料库中。

在某种程度上说，我们把心思投入到哪个领域，注意搜集哪方面的信息、资料和素材，我们往往就会在哪个领域有发言权。

2. 我建立写作资料库的方法是新旧并用、土洋结合。此话怎讲？就是各种方法综合运用，比如，最原始的记笔记，我一直在用。开会或听讲座的时候，听到一种好说法，我会记在本子上；散步的时候有了一个新思路，回家之后我也会记在本子上。

记笔记之外，我读书也算是"不动笔墨不读书"。在书中读到精彩的段落或有用的资料，我会不由自主地画出来，有时还在上面写批注。这些书中勾画过的内容也是我写作资料库中的一部分。有一年，我在一家网络平台上讲写作课，课上使用的例文、例句全部出自文学名著。当时的课程编辑感慨地说，光搜集这些经典的例文、例句就得下多少功夫啊！其实，那些例文、例句并不是我临时搜集的，而是我在长期读书的过程中随时收集下来的。多年来，我买来读过的书，大都有勾画和批注。这些书放在我的书橱里，就成了我写作资料库的一部分。书中勾画过的内容我一般都有印象，不时也会翻一翻。这样，等写作时若需要引用，我找到那本书一翻就能找到。

纸质书之外，网站、微信公众号、APP（手机应用程序）、电子书等互联网资源也成了我们获取信息的重要渠道。其实，这类电子读物更便于我们收集信息、积累素材，因为这类平台的信息更便于复制、收藏和搜索。我的做法是，在电脑上建立一个"写作资料库"的文件夹，在网上读到有用的资料就整理到文件夹的相关目录之下。在微信公众号上读到精彩文章，就点"收藏"，以便日后重读和查找；在APP、电子书上读到精彩内容，也要及时做标记，记笔记，APP和电子书会把你的标记和记笔记的内容保存得清清楚楚、一目了然。总体而言，互联网工具为我们建立写作资料库提供了非常便利的技术支持。只要有建立写作资料库的意识，并肯于坚持，我们在搜集资料、积累素材上要比季羡林、李敖等前辈幸运许多，省力许多。

3. 资料、素材积累到一定的份上，还要经常翻阅，勤于整理。这一点也非常重要。不管是用哪种手段积累的素材，我们都要时不时地温习一下，否则，时间一长可能就彻底忘了。彻底忘掉的素材，虽然也保存在我们的写作资料库中，但是它们处于沉睡的状态，不能被我们及时调取，更派不上用场。时常温习积累的素材，是我们熟悉材料、消化材料的过程。随着对材料的熟悉和消化，我们往往就能发现不同材料之间的联系，进而激发写作灵感。从这个意义上讲，写作的过程其实就是研究日常积累的材料，并把材料不断组合，使之聚拢化、条理化、系统化、深入化的过程。在这个过程中，我们对材料加以比较、分析和使用，这些能力也是我们整体写作能力的重要组成部分。

葛优曾经在电影《甲方乙方》中说过一句台词："地主家也没有余粮呀。"中国有句古话叫"家中有粮，心中不慌"，家中没有余粮，地主心里也发慌。对于写作者而言，建立一个写作资料库，并不断地往里面积累素材，就相当于地主往自家的粮库里存粮食。平时存的越多，真正动笔写作的时候，就越有底气，写起来也越省时省力。

附：我的素材库之名家论写作

《现代写作教程》对写作的定义："写作是用语言符号创

造精神产品的思维活动过程。"

［美］史蒂芬·平克（《人性中的善良天使》的作者）："写作之难，在于要把网状的思考，转化为树状的结构，再用线形的文字表达出来。"

［美］罗伯特·弗罗斯特（美国诗人）："写作的艺术，就是把裤子装进椅子的艺术。"

［土耳其］奥尔罕·帕慕克（2006 年诺贝尔文学奖获得者）："谈起写作，首先浮现在我脑海的，不是一部小说，一篇诗歌，或者某个文学传统，而是这样一个人：他将自己关在房中，坐在桌前，独自审视自己的内心；他在一片阴暗之中，用语言构建起一个新世界。……写作的时候，他也许会喝点茶或咖啡，或者抽根烟，还时不时会从桌边站起，透过窗户望着街上玩耍的孩子。如果幸运的话，他会看到树林，看到风景。而运气不好的话，他就只能看到外面一堵黑漆漆的墙。如我一般，他会写诗，写剧本或者小说。等他坐到桌边，耐心地凝视内心，一项艰巨的任务就此开始，于是，一切因此变得不同。写作，就是要将这种凝视内心的目光化为语言，去探讨一个人幽居独处时所进入的那个世界。而且，

他要怀着极大的耐心、执着和愉悦之情来做这一切。"

[美]史蒂芬·柯维在《高效能人士的七个习惯》一书中说："任何事情都需要经过两次创造。一次在大脑中构思，另一次用行动付诸实践。"

[阿根廷]豪尔赫·路易斯·博尔赫斯："我写作，不是为了名声，也不是为了特定的读者，我写作是为了光阴流逝使我心安。"

〔明末清初〕李渔在《闲情偶记》中说："意新为上，语新次之，字句之新又次之。"

[俄]列夫·托尔斯泰："应该写了又写，这是磨炼风格和文体的唯一方法。"

[俄]费奥多尔·米哈伊洛维奇·陀思妥耶夫思基："作家最大的本领是善于删改。谁善于和有能力删改自己的作品，谁就前程远大。"

[法]马塞尔·普鲁斯特："敢于创新的艺术家，在成名

以前所做的努力，堪比眼科医生所做的手术。他们作画、写书，好比医生给病人治疗，这个过程未必赏心悦目。等一切都结束了，他们对我们说：'现在请看吧。'我们看到的世界让我们觉得它跟以前的世界全然不同，但又完全是清晰明白的。"

［美］杰克·伦敦："你不能等灵感，你得拿着根棒子追寻它。"

行动建议：建立属于自己的"写作资料库"

在电脑或手机上创建一个"写作资料库"的文件夹，以后遇到可能对自己写作有用的资料就及时收集起来。坚持一段时间之后，你再写作就可从中调用资料了。

以写作的视角去读书

长期坚持读书，对提升写作的数量和质量都有促进作用。为了写作而进行的专题性阅读，更能让一个写作者受益良多，所以，任何一个想在写作方面取得进步的人，都应该无条件地重视阅读——这种重视不仅体现在养成阅读习惯上，而且还要学会相应的阅读技巧，就像要学会写作技巧一样。 —— 主题词

对于写作者而言，坚持读书极为重要。它不只是为了休闲娱乐，或者是一般意义上的获取知识。读书，应该是写作者必不可少的精神操练。只有读的足够多，写的时候才能让笔下"有料"。

古人讲："书到用时方恨少。"于我而言，写书之际就是我"用书"之时。每次写书我都强烈地感觉到读书太少，学识不够。而每写一本书，我一般都会读几十本相关领域的书籍。这种专题性的阅读让我搞清了很多原本不明白的问题，也使我原本模糊的写作思路一步步地清晰起来。为了写《春秋范儿》，我阅读了关于春秋时期的大量史书。仅一部《左传》，我就读了五遍。我读的时候还不是泛泛地读，而是遇到疑问就查资料、做比对，比如，都记载了"赵氏孤儿"这段历史故事，《左传》和《史记》的记载却不一样，为什么会出现两个版本？哪个可能更接近历史真实？而另一个又为何会流传甚广？……带着一个疑问去查资料，等把这个疑问

搞清之后，往往又牵扯出更多的问题。这也印证了王国维先生的那句话："人生过处唯存悔，知识增时只益疑。"一个人读的书多了，学问越会增加，同时疑问也随之增加。对此，古希腊哲学家芝诺说："人的知识就好比一个圆圈，圆圈里面是已知的，圆圈外面是未知的。你知道得越多，圆圈也就越大，你不知道的也就越多。"

读了大量书籍，并写出了《春秋范儿》这部书之后，我对春秋这段历史的认知才逐渐由模糊变得清晰起来。事后回想：若不是自己要写书，而只是为了单纯地读书，我会读得如此用心吗？未必。我深切的体会是，由写作倒逼出来的读书、思考，往往是极高效的一种学习。作家李敖也说："要想搞明白一件事情，最好的办法就是写一本跟这件事情有关的书。"

写作是高强度的内容输出，要想持续地进行内容输出，首先就得有大量的内容输入。你要想给读者写出一本好书，自己可能得读几十本相关的书。长期坚持读书，对提升写作的数量和质量都有促进作用。为了写作而进行的专题性阅读，更是能让一个写作者受益良多，所以，任何一个想在写作方面取得进步的人，都应该无条件地重视阅读——这种重视不仅体现在养成阅读习惯上，而且还要学会相应的阅读技巧，就像要学会写作技巧一样。

读书，有哪些技巧呢？总的方向是：不同的人在不同的阅读阶段，关注的侧重点应该有所不同。

　　据我观察，一个真正的读书人的养成，一般要经历一个从自发到自觉的过程。

　　自发，意味着不是被动的，不是为了应试而读书，也不是为了考证而读书，而是自主地进行非功利的阅读。一个人处在这一阶段，最重要的是养成爱读书的习惯。如果一个人没事就想找本书看，这就意味着他已经进入了读书的自发阶段。

　　自发之后，读书还要进入自觉阶段。自觉是自发的深化和提升，是读书的一种新境界。如果说自发读书是 1.0 版本的话，那么自觉阅读就升级到了读书的 2.0 版本。

　　读书进入到自觉阶段，就可以说"会读书"了。为什么叫"会"了呢？因为你已能够从书中看出门道，能够从广泛的阅读中加以比较、审视、思考、判断了。你不但能从书中学到具体的知识，增长学问，而且还能运用读书所得，解决自己学习和工作中遇到的问题，书中的知识慢慢地发酵，酿成了美酒，这美酒的名字可以叫见识，也可以叫学养、智慧。这个时候，你就拥有了"第三只眼"，你除了两只肉眼外，还会用大量阅读所练就的慧眼来打量这个纷繁复杂的世界。

进入自觉阶段之后，读书成了你生活中不可或缺的一个组成部分，读书也让你的思想观念、文化修养、知识储备不断优化升级。这个时候，坚持读书对你来说已经不再是难事，因为你尝到了甜头，享受到了读书之乐，甚至你已经上了瘾。你形成了自己的阅读偏好，也有了相当高的甄别能力，你知道什么样的书符合你的喜好；你也通过大量阅读建立起了属于自己的一个或几个的知识体系。你再接触到新信息，就能把它们归拢到自己的知识体系之中，使之形成信息链条或信息模块，而非信息碎片。这个时候，面对纷繁复杂的社会，你有了自己的独立思考和理性判断，就不会再随波逐流、人云亦云了。这个时候，你的生命潜能被激活，你不再怨天尤人，也不再郁闷纠结，你开始有了一种心明眼亮的感觉，仿佛走夜路的人看到了北斗星，明确了方向；又像开车的人用上了导航仪，即便到了不熟悉的路段也不会太担心了。

读书到了这个阶段，应该说就很不错了，因为读书已与你的生活和生命形成了水乳交融的关系，你从读书中获益，或者说，你学会了从书中汲取养料，你的生命之树因汲取这些养料而变得枝繁叶茂、郁郁葱葱。

从自发读书到自觉读书，一直都需要自律。自律是一种极其宝贵的品质，干任何事情，要想有所收获，都要学会自律，读书也是如此。自发读书是凭兴趣，自觉读书则意在培养某种专业精神、增强某项专业学养。在不同阶段，自律的侧重点有所不同，在自发阶段，自律的侧重点是"贵在坚持"，而在自觉阶段，自律的侧重点则是"挑战自我"。

"挑战自我"指的是，当读书进入自觉阶段后，你就不能仅仅由着自己的性子去阅读了。为什么呢？你若老是读那些不费丝毫力气就能读懂的书，你的头脑就不会得到足够的训练，如同职业运动员训练量不足会影响其进步一样。这时，你就要有意识地选择那些有一定难度的书籍去读。

比如，当你看网络小说看得非常爽、甚至对其中的套路都非常熟悉的时候，你就要警惕了。此时你或许该把网络小说先放一边，去读一些真正的文学名著了；当你读了大量的小说已经读得毫不费力、甚至感觉"不解渴"的时候，那你似乎就该去读一读文言文了。开始，你可能还需要认真看注释，甚至还得看白话文翻译，你读得没法像看小说那么快，你可能会感到不爽。这就对了，当读书进入到自觉阶段的时候，自律就需要适当地给自己增加难度，然后一步步地去挑战自我，克服困难。你能不断地克服困难，你的阅读水平就在不断提高了。

文言文读多了，慢慢地，你就不用看白话文翻译，甚至也很少看注释了。这个时候，你就要丢开白话文翻译和注释，直接看原文。偶尔遇到不懂的地方，你先多看几遍，前后文贯通一下，看能不能理解。经过这个过程之后再去查注释，或者查阅字典、词典。这样慢慢积累，看似下的都是笨功夫，可实际上进步的速度是非常快的。

在自觉读书的阶段，你不能光追求读书的速度，也不能过于贪图阅读的快感，而是要设法沉下心来，用心咂摸，甚至是反复阅读。当然，这个度要自己把握好，你选择的书籍要适合你的水平，不能太简单、太浅显，也不能太难。太浅显，不利于你水平的提高；太难了，你读起来太吃力，搞得无比沮丧、心情大坏，这也不行。

与苦思冥想、字斟句酌的写作相比，我们在空闲的时间，安静地坐下来读一本书是一件比较轻松、惬意的事情。做轻松、惬意的事情，如果再不进行刻意练习，那我们就很容易掉以轻心。为了预防掉以轻心，我们在读书时就要有点自律精神，要不断地走出"舒适区"，通过适当增大阅读难度来提升自己的阅读效能。

还有一个问题也经常有人问：书籍浩如烟海，我们到底该选择哪些书来读呢？每个人的阅读兴趣不同，所学专业有别，在具体的阅读书目上实在无法统一，也没必要统一，但我觉得还是应该有一个大方向和大原则，那就是：多读经典。大家不妨先从自己专业上的经典读起，然后跨界发展，旁及其他领域的经典，这样既可开拓视野，又可互相印证、彼此生发。

书是多种多样的，有的书略读即可，有的书则需要认真读；有些书只需要读一遍，有些书则值得反复阅读；有些书的有些段落甚至还要熟读成诵，背下来。经典著作经过时间的沉淀和历代读书人的筛选，一般来说都是值得认真阅读甚至是反复阅读的，所以，把时间和精力花费在阅读经典上，实在是一件低投入高产出的事。

除了上面所说的这些之外，写作者在阅读时也要尝试使用"写作心法"。所谓写作心法，就是要用写作视角来打量生活中的一切，读书也不例外。以写作的视角看待读书，读书的效能会比普通人高出很多。普通人读书，有的是为了消遣娱乐，有的是为了学习知识、获得启迪。那写作者呢？除了这些显而易见的好处之外，他们还会从读书中学习写作技巧，从读书中获得写作灵感，从读书中搜集写作素材，甚至从读书中诞生并完善自己的写作创意。更为重要的是，拥有了写作视角之后，一个人阅读时的思考维度也会比常人多不少。普通人读小说，可能只关心情节的发展和人物的命运，而写作者读小说的时候就还会思考：作者是如何构思的？他的这个故事，哪些地方写得好？哪个桥段堪称经典？我能从中学到什么？

以写作的视角去读书，读书的时候我们就会特别留心。

遇到可能有用的材料，我们要及时标注、搜集起来；遇到打动我们的描写，我们要划出来，以便日后重读；读到金句，我们甚至会抄在笔记本上，用心琢磨作者是如何写出来的。"操千曲而后晓声，观千剑而后识器。"以写作的视角去读书，我们在不知不觉间就会读出一些门道；以写作的视角去读书，读书的效能会大大提升。

行动建议：研判你的阅读现状，制订阅读计划

对照这篇文章，研判一下你自己的阅读现状。比如，你是处在读网络小说感到很着迷的阶段，还是处在倾心世界文学名著的阶段，抑或是对古文经典产生了浓厚的阅读兴趣？然后，大胆走出"舒适区"，给自己制订一份比现在更有难度的阅读计划，不用具体到详细书名，但要明确未来一年左右的主要阅读方向，比如，未来一年，读三十本到四十本世界文学名著，或用一年到两年的业余时间把《资治通鉴》通读一遍。

计划制订出来之后，当然还要去落实。如果你以前的阅读活动大多是没有计划性的，那么按照计划阅读之后，你就会发现自己的阅读活动跟以前不一样了。以前，可能你在读书方面是一个"机会主义者"，而有了计划之后，你在读书

方面就转化成了一个"理想主义者"。在信息泛滥的时代，在阅读上做"机会主义者"往往会因为八面出击而导致精力分散，不能聚焦，也难以取得突破性进展，而"理想主义者"则因有明确的方向指引而步步为营，扎实推进，一段时间的深耕之后，你在某个领域取得超越常人的成绩也就理所当然了。

第三章
信息转化

按照步骤来操作，不仅能让我们
对自己的写作有一定的掌控感，而且
还能优化写作流程，保证写作质量，
提高写作效率。

写作的五个步骤

主题词 ——— 写作活动是一个环环相扣的过程，在这个过程中，我们是可以按步骤来操作的。按照步骤来操作，不仅能让我们对自己的写作有一定的掌控感，而且能优化写作流程，保证写作质量，提高写作效率。

我们平时读书看报，看到的是别人写作的结果，这是读者的视角。换为作者视角，那我们仅看结果就不够了，还需要了解写作的过程。这就像对待一道菜，食客关注的是菜，是结果，而厨师就不能只关注结果，还必须关注过程。厨师光知道这道菜叫什么名、什么味道是远远不够的，还必须知道如何才能炒出这道菜——比如，炒这道菜需要什么食材、按照什么步骤操作、如何把握火候等。写作也是如此，我们要写出好文章，也应该有恰当的操作步骤。

那么，写作的步骤到底有哪些呢？一般来说，有如下五步：

1. 确定写作的目的

对于绝大多数人来说，上中学之前的作文训练，目的是练习写作技能。等中学毕业之后，人们再写东西的时候，往往就不再是为了练笔，而是有了非常明确的写作目的，比如，公司老板写一篇演讲稿，是为一场真实的演讲做准备，而这场演讲的目的可能是为了扩大公司影响；旅游公司的销售人员写一篇关于欧洲五国游的文案，目的也绝不是为了泛泛地介绍欧洲的五个国家，而是为了吸引潜在客户来参加本公司组织的欧洲五国游；秘书给领导写一篇发言稿，那是因为两天之后领导要出席一场更高级别的汇报会，会上要发言。

可以说，实际生活中的绝大多数写作，都是有明确的目的。写作者在下笔之前就要牢记写作的目的，并了解所写文章的应用场景，这样才能在写的时候做到有的放矢。所有写作活动都要围绕核心目的展开，不能漫无目的地泛泛而谈，更不能偏离目的，甚至跑题。

2. 深入了解读者

明确了写作目的之后，我们还要深入了解读者。要写好一篇演讲稿，除了文笔过关，我们还要了解听众的相关情况：他们都是哪些人？他们的认知水平如何？他们来听演讲的目的是什么？他们有什么心理诉求？……销售人员写文案也是如此。虽然无法确知潜在客户到底长什么样，但我们起码要在心中有一个大致的用户画像：能参加欧洲五国游的客户会是什么样的人？他们的生活状态是什么样的？他们的消费偏好是什么？……这些情况了解得越深入，我们写出来的文案就越容易收到好的效果。同样的原理，秘书给领导写一篇发言稿，也要事先了解情况：召开这次会议的目的是什么？参加这次会议的都有哪些部门的领导？会议预计开多长时间？

每位汇报者的发言时间有多长？……这些信息掌握得越多，发言稿写得就越有针对性。

为什么要深入地了解读者？原因很简单：为了让我们的文字能更好地影响他们。同样的内容，由于阅读对象的不同，我们在文字上也应该采取不同的表达方式，比如，你要写一份工作汇报，你是给上司看还是给自己的部下看，写法是不一样的。给上司写汇报，主要目的是让上司重视本部门的工作，以争取到更多的资源；而给下属介绍工作状况，则更多的是为了达成共识、鼓舞士气。同样是给领导汇报，你让他自己看还是要在会议室用 PPT 给他讲解，写法也完全不一样。如果是让领导自己看，那你就要写得详细一点，以便让领导获得足够的信息；如果你要在会议室用 PPT 给他讲解，那只需要写出框架就可以了，写得太详细了反而显得啰唆。

总之，文章是在特定场景下、针对特定人群发挥作用的，我们对特定场景和特定人群了解得越深入，我们的文章就越能做到有的放矢。反之，若不了解受众，只是站在自己的角度，用同样的腔调去讲述同样的内容，那必然会陷入自说自话的陷阱之中，严重影响表达的效率。

3. 构思，写出提纲

书法上有"意在笔先"的说法，意思是写书法不能拿起笔来就写，而是心中先有"意"（创意、意趣、意境等），有整体上的思路和设计，然后再调动书法技巧去完成创作。写作也是如此，在动笔之前先要有构思。文章要写什么内容，写给什么人看，材料如何选取，如何遣词造句等等，先要"心中有数"。这个"数"就是写文章前的构思。构思是作者的思考路径，也是文章的整体构想。有了这个构想之后，我们就可列出写作提纲了。提纲相当于文章的"设计图纸"。文章大体分几个部分，各部分之间什么关系，如何起承转合，这些在列提纲时都应该考虑到。提纲可以列在纸上，也可以不列在纸上，而只存在于头脑中，但构思和列提纲的步骤一般不能省略。

4. 写初稿

这是写作中最核心的一个环节，它是通过一砖一瓦地垒砌把"设计图纸"变成高楼大厦的过程。需要说明的是，很多人所理解的写作，其实指的就是写初稿这个环节。这一方面说明写初稿这个环节极其重要；另一方面也说明很多人对写作的理解不到位。写稿固然重要，但它也只是写作活动中的一个步骤，在此之前还有三个步骤，写稿之后还要用心修改，因此，我们在重视写稿的同时，也不可忽略了写稿之外的其他四个步骤。

5. 修改

写完初稿之后，也不要认为就万事大吉了。这时，我们还要进行一个写文章必不可少的操作：修改。关于修改的重要性、修改的底层逻辑以及如何修改等问题，请大家查阅本书第五章《修改的底层逻辑和操作清单》一文，在此不再赘述。

写作活动是一个环环相扣的过程，在这个过程中，我们是可以按步骤来一一操作的。按照步骤来操作，不仅能让我们对自己的写作有一定的掌控感，而且还能优化写作流程，保证写作水平，提高写作效率。

写作中的拼贴技巧

一个人能否在写作中娴熟地使用拼贴技巧，关键就看他能否把一 —— 主题词
些看似不相干的信息整合起来，集中发力。把诸多的资料和信息
组合在一起，形成一个完整的信息和情感链条，这本身就是一种
高超的处理复杂信息的能力。

大家有没有玩过乐高玩具？这种玩具类似于积木，我们
需要把一个个小部件拼插起来，搭建成一个新事物，这就是
它的魅力所在。

其实，作者在写作中也经常使用这种技巧。通过某种线
索，作者把看上去并不相关的事物（材料、信息、情感等）
组合在一起，形成一篇打动人心的文章。这种方法，我们不
妨称之为写作中的拼贴技巧。

写作中的"拼贴"，本质上是对信息模块进行提炼和重
组，是把一小块一小块的信息资源组合成一个有机整体的过
程。任何一部大部头的作品，都是将不同的素材"拼贴"在
一起完成的。大家读优秀的文学作品，不妨试着分析一下它
是由几个信息模块构成的，模块与模块之间是什么关系；看
影视剧也不妨去试着解析一下它们的模块，就像我们把一个
完整的乐高作品拆开看一看它的内部构造一样，比如，好莱
坞的英雄电影，就多遵循着同一个大框架：一个普通人因缘
际会，突然间拥有了某种能力或者受到了某种使命召唤，下

定决心去完成一件崇高的事。在经历了重重挫折之后，他最后完成了目标，精神境界也随之升华。这个屡试不爽的故事结构被美国神话学大师乔瑟夫·坎贝尔总结为"英雄之旅"的十二个步骤，他在名著《千面英雄》一书中详细地阐述了这个理论。

为了让大家更好地理解拼贴技巧，我在这里以史铁生先生的散文《我的轮椅》为例分析一下。

史铁生是一位伟大的作家，他年轻的时候当过知青。当知青期间，他不幸双腿瘫痪，余生只能与轮椅相伴。他写这篇《我的轮椅》，就是通过他用过的几个轮椅，串联起来不同的人和事。作者坐过好几辆轮椅，由此串联起很多善良的人。这其中有他的父亲、母亲，有把他抬上楼的一群志同道合的作家，有给他买轮椅的人，有帮他修轮椅的人。这些人都让作者感受到了人性的温暖。通过轮椅，作者把自己经历的若干人生片段组合在一篇文章之中。也可以说，轮椅是一个触媒，让作者把很多人和事聚拢在了一起。而且，在与轮椅相伴的日子里，作者对人生还进行了严肃的思考。他推己及人，由自己的不幸想到了命运的不公，想到了人该如何面对命运。文章的结尾，作者"扶轮问路"，超出自己的个体苦难，去探讨更普遍更深刻的人生哲理。

通过这篇散文，我们很容易看出作者构思这篇文章时的拼贴逻辑：轮椅——和轮椅相关的人——这些人与我的关系——我对这些人的感激——我对命运的思考。很明显，这篇散文的题目虽然叫《我的轮椅》，但作者写作的重点绝不仅仅是轮椅，而是借由轮椅联想到的人、事、理。

从轮椅写到命运，这就是我们写作中常用的方法：小中见大。怎样做到"小中见大"呢？使用的就是拼贴技巧——由物及人，由人及事，由事及理。而这样的写作思维方法正是我们要学习的。

史铁生有轮椅，那我们普通人呢？我们有手机，我们有钢笔，我们有背包……这些物品背后是不是也有故事？能不能也把这些写一写呢？比如，你用过几部手机？从功能机到智能机的升级换代是如何完成的？这期间，你个人经历了什么？从不断更换手机的过程中，是不是也能折射出技术进步的印痕和时代变迁的步伐？如果再往深处追问，那你还可以想一想：作为一种通信工具，手机不断更新换代，变的是什么？不变的又是什么？再进一步追问：工具的不断升级、变化，有没有影响到人本身？生活在一个大变革的时代，人们应该秉承怎样的观念？如果大家对以上问题有过深入思考，那么你也可以借由一个司空见惯的手机，拼贴出许多有价值的信息，并写出有深度的文章。

土耳其作家奥尔罕·帕慕克也是善用拼贴技巧的高手。

2006年他获得了诺贝尔文学奖。颁奖典礼上，他发表了获奖演说《父亲的手提箱》。这篇演讲稿就使用拼贴技巧，作者通过父亲送给他的一个手提箱，讲述了他们父子两代的文学之路（父亲曾经也写过小说，但没有成功，将手稿放进了送给我的手提箱中；当作者写出第一部长篇小说的时候，父亲读后极为赞赏，预言自己的儿子有一天会获得诺贝尔文学奖）。作者借着父亲的手提箱，不仅讲述父与子之间的故事，而且还趁机阐发了自己对写作的深入思考。他说："写作，就是将凝视内心的目光化为语言，去探讨一个人幽居独处时所进入的那个世界。"最后，帕慕克又回到了原点，"今天，当我站在瑞典文学院，面对授予我这项伟大奖项、伟大荣誉的尊敬的院士们，面对尊敬的客人们，我深深地渴望，父亲能在我们中间。"文章至此戛然而止，让人回味无穷。帕慕克的这篇文章非常有名，我建议大家找来读一读（从网上很容易搜到）。

我自己也用拼贴技巧写过一篇散文《走过的路》。此文是《中学生读写（高中版）》杂志约我写的一篇卷首语，约稿的主题就是让作家描写曾经的岁月，栏目名为"岁月珍藏"。我构思这篇文章的时候就是使用了拼贴技巧，分别描写自己小学、中学、大学及中年时走过的小路。每段小路定格一个人生画面，几个画面拼贴在一起，就大致说清了自己的经历，并进而引发出了自己对人生的思考。因为这篇文章是我自己写的，不涉及版权问题，所以我把这篇文章附在后面，供大家参考。

最后要说的是，一个人能否在写作中娴熟地使用拼贴技巧，关键就看他能否把一些看似不相干的信息整合起来，集中发力。把诸多的资料和信息组合在一起，形成一个完整的信息和情感链条，这本身就是一种高超的处理复杂信息的能力。这考验的是一个写作者的选点、聚焦能力。而一旦拥有了这种能力，我们写作时的思路就会开阔许多，甚至，我们在写作时还会找回儿时的快乐——原来，写作竟然可以像玩乐高玩具一样有趣。

走过的路

郑连根

又是一个黄昏。

阳光洒满花间，花香弥漫。小径掩映在葳蕤的草木之下，偶有几片花瓣掉落在路上。我看见一只蚂蚁在一片落满花瓣的区域穿行，一如我穿过花香四溢的小区。

我现在常常在黄昏时刻去小区周边散步。我住的小区位于济南市西南的长清大学城，这里没有大都市的拥挤与喧嚣，空气清新，风景秀丽，适合我安静地读书与写作。

三年前，我从市区搬到这里居住。那时，小区里面的花草还没现在这么茂盛，我经常带着儿子去小区东侧的博雅路上散步。时间往往也是在黄昏，儿子放学之后。夕阳常常将我们父子的身影拖得很长很长。

博雅路并不长，但我们父子两人在这条路上消磨掉了大量的时光：我们在这条路边长时间地观察过金龟子，还在这条路边的草丛里发现过肥胖的刺猬，更在这条路上讨论过《论语》和《道德经》。就在自己读书、写作之余，我逐字逐句地给即将上小学的儿子讲解了这两部古代经典，并带着他背诵了下来。

小区旁的博雅路，是我这几年走得最熟的路，它见证的是我自己写书、同时教儿子读书的一段岁月历程。这是一条父亲陪伴儿子走过的路。

当博雅路上的黄昏印记在脑海中时，我突然发现，曾经的岁月大多以一种路的形象储存在我的记忆中。

三十多年前，内蒙古东部一个偏僻的小山村，也是黄昏，牛群和羊群在夕阳下山之际回到村中，小学里的孩子也于此时放学。孩子回家与牛羊进村走的是同一条路，那条路上尘土飞扬，再有牛羊的叫声做配音，能很好地衬托出这个小山村的贫穷与闭塞。一个小学生在牛羊的叫声中走过二三里的土路，从学校沾泥带土地回到家中。家里没有冰箱，没有洗衣机，也没有电视，更没有电脑和手机。他只好用看书去打发时间。家里的书籍也不多，但他还是找到了《鲁迅选集》。在小学生的年龄，这本书他读得似懂非懂，晕晕乎乎。可是，这本书还是让他对山村之外的广阔世界有了深深的向往。他甚至还把书中精彩的句子抄在一个小本子上，甚至背下了一些。

一个小学生，于牛羊归村的叫声中走过一条乡村土路，然后去读《鲁迅选集》。多年后回忆起来，这是一幅有点诡谲的画面。我甚至想：画面中的那个孩子就是我吗？

几年过去，这个孩子上了初中。初中在镇上，离家有12华里（六公里）的路程，步行要一个多小时，中间要经过三个村庄，两处树林，还有一条河流。他要早早起床，早饭后出发，在太阳尚未升起的晨曦中赶路，赶在太阳完全升起之时到学校上课。

　　途经树林的时候，他听到了鸟的叫声，他看到了路边的草叶上有闪闪的露珠。天边的霞光也让他的心情和步履一样轻盈。他从书包中拿出语文课本，诵读其中的古文名篇，"树林阴翳，鸣声上下，游人去而禽鸟乐也……"某一刻，他感觉自己仿佛是那个宋代被贬滁州的欧阳太守，可实际上那是一种幻觉。那段时间，他背下了语文课本里所有的古文，诵读的时间大多是在上学和放学的路上。多年以后，他说自己当年背下那些古文，不是为了博得好学的名声，而仅仅是为了喜爱，甚或仅仅是为了驱散行走在乡间小路上的寂寞。这个上学路上诵读古文的少年，就是我吗？我只知道，我如今带儿子读古文的音调与这个少年惊人相似。

　　又几年过去，这个少年考上了中央民族大学。此时他最常走的路是从宿舍到图书馆的路。那条路上有银杏树，秋天的时候，银杏的树叶在阳光下闪耀着金色的光芒。他这时迷上了外国文学，喜欢上了巴尔扎克、普希金和肖洛霍夫，他自己也开始了写作，蹒蹒跚跚的，跌跌撞撞的。

又几年过去，他在济南找到了工作，在一家报社当编辑、记者。他在这座城市上班，下班；他在这座城市里结婚，买房，生子；他在这座城市升职，然后又辞职；他在这座城市读书，写作；他走过这座城市的许多路，老街老巷走过，新城新区走过，趵突泉畔走过，大明湖边走过，千佛山上走过，商场去过，书城去过，影院去过，饭店去过；他若干次离开这座城市外出，又若干次从外地回到这座城市；他在这座城市出版过若干本书，他在这座城市做过若干场讲座。他在这座城市走过的路太多，以致一下子从青年走到了中年。

我知道，这个中年男人就是我。我也逐渐明白，所谓人生有时不只是在时间坐标上的一路狂奔，还有在精神路径和文化疆域的一次次拓展。每一种路都有它延展的指向，我们的每一次真诚行走，都是对厚重大地的深情叩问和对辽阔生活的好奇探寻。

行动建议：“拼贴”写作练习

1. 以物贴人：写一个具体的物件，不但要写这个物件本身，还要写出与它相关的人、事、细节、情感。如果围绕着这个物件，能勾连起不同时段发生的故事，以及你不同的情感体验，那就再好不过了。

2. 以地贴人：写一个地方，通过这个地方带出相关的人和事，还有各种细节。诸多信息模块组合在一起，自会产生“化学反应”，能很好地传达作者的情感和思考。

3. 其余的如照片、重要时刻（比如生日）、风景等都可以作为“拼贴”道具，你也可以试着写一写。

让文章的结构像一棵树

写作的过程是"先内后外"——先有内核，然后向外扩散，作者先在内心有所触动，然后借助文字传达。这也像一棵树，先是树根在泥土中吸收水分和营养，然后再长树干、树枝、树叶、开花、结果。而阅读的过程，则是"先外后内"——读者要借由文字慢慢地理解作者的内心。仍用树作比喻，读者是先被果实和花朵吸引，然后顺藤摸瓜，找到树枝、树干、树根。可见，写作活动和阅读活动，两者处理信息的次序是正好相反的。

　　文章是由信息点、信息链和信息模块构成的。这些信息要素之间不能杂乱无章地堆砌在一起，一定要有适当的结构安排。从总体上说，文章的结构应该像一棵树，有树根，有树干，有树枝，有树叶，还有花朵和果实。文章也一样，它要有主旨，有材料，材料和主旨之间要有逻辑关系，不同的材料之间也要相互配合、呼应，这样才能给人以枝繁叶茂、摇曳多姿的美感。

　　美感之外，"树状的结构"对高效表达也大有帮助。要说清这一点，我们还得从作者与读者之间的关系说起。有句话是"被误解是表达者的宿命。"我们不妨顺着这个思路再问一问：为什么会形成这种宿命？

　　表达者被误解的原因当然有很多，其中我觉得最核心的一点是，写作过程和阅读过程是两种完全不同的心智活动。

作者和读者虽然是共生关系，但他们在传达信息和接受信息的过程中存在着天然的矛盾。

　　怎么理解作者和读者之间的天然矛盾呢？一个最简单的方式就是从过程来看。作者是先有要表达的主题，然后想出框架结构，最后才写出文字。而阅读过程正好相反，读者是先读到一个一个的文字，然后才能大致明白作品的整体结构，最后才能理解作品的主题思想。写作的过程是"先内后外"——先有内核，然后向外扩散，作者先在内心有所触动，然后借助文字传达。这也像一棵树，先是树根在泥土中吸收水分和营养，然后再长树干、树枝、树叶、开花、结果。而阅读的过程，则是"先外后内"——读者要借由文字慢慢地理解作者的内心。仍用树作比喻，读者是先被果实和花朵吸引，然后顺藤摸瓜，找到树枝、树干、树根。可见，写作活动和阅读活动，两者处理信息的次序是正好相反的。这就让作者的表达和读者的理解之间出现了相当的张力——读者在阅读大量文字的过程中，不可能完完全全地成为作者"肚子里的蛔虫"，彻底理解作者内心的一切。

　　此外，写作中还存在"冰山理论"。所谓冰山理论是说，大海上浮现出一座冰山，浮出海平面的部分只占整个冰山的 1/8，海平面之下还有更大的 7/8 隐藏着。对于写作来说，一个人写出的东西就是冰山海平面以上的部分，只占他心中所思所想的一小部分，而他没有用文字表达出的信息会更多。如果没有潜藏在海平面以下的 7/8 托底，那么连海平面以上的 1/8 都显示不出来。作者写一篇文章，他自己当然知道要表达什么，但是读者呢？读者没经历过作者将思考转化为文字的过程，他们不能将作者收集信息、整理信息、取舍信息的过程自行补上。他们只能看到"海平面之上的 1/8"，没办法知道"海平面之下的 7/8"到底是些什么。既然彼此间存在着信息上的巨大不对等，那么，读者对作者有一定程度的误解也就不足为奇了。

"一千个人的眼里有一千个哈姆雷特"，这话说的就是不同的读者对同一部作品有不同的解读。这种因人而异的解读既造成了对表达者的误解，同时也激活了一部作品的生命力——正是读者的"横看成岭侧成峰"让作品有了诠释系统，拥有了溢出效应。

理解了上述原理之后，我们便能更好地理解文章结构的重要性。结构是作者思想感情和文字表达之间的一道桥梁。作者设计、采用一种好的文章结构，为的是方便读者更好地理解自己。作者要传递给读者的信息非常多，如果不对信息进行必要的归类，那读者接收到的信息可能就是"一团乱麻"，摸不着头绪；如果作者不梳理清信息与信息之间的逻辑关系，那么读者读起来就有"一盘散沙"之感，形不成良好的整体印象；如果作者不讲究传递信息的先后顺序和详略程度，那么读者接受起来也会"一片茫然"，把握不住重点。

打一个形象的比方，作者和读者之间隔着一条河，一方在此岸，一方在彼岸。彼此之间要像朋友一样坐在一起聊天，就必须在河上架一座桥。搭建这座桥的材料是文字，而文章的结构就是桥梁的设计图纸。建一座桥梁，不能没有设计图纸。同理，写一篇文章也不能忽略了搭建结构。

那么，如何才能很好地搭建出一篇文章的结构呢？

第一步就是确定文章的主题。主题也就是人们常说的"中心思想"，它是作者要表达的最内核的部分，比如：贾谊《过秦论》的主题就是要批评秦国的过失；范仲淹《岳阳楼记》的主题就是要抒发"先天下之忧而忧，后天下之乐而乐"的人生理想；苏洵《六国论》的主题就是要总结六国破灭的历史教训。主题是促使作者下笔的第一心理动机，其他的一切都要围绕着主题展开，所以文章的主题必须先确定。

第二步是根据主题列提纲。这时要考虑的是，为了很好地传达出最核心的思想，文章要写哪些部分？这些部分之间又是什么关系？应该先写哪部分，后写哪部分？……比如，贾谊《过秦论》采用的就是对比结构，先简述秦国统一六国的历史，按照时间顺序从秦孝公一直讲到秦王赢政，这部分是秦国的崛起、强盛史；然后再讲秦始皇统一六国到秦朝灭亡的历史，这部分是秦朝的衰亡史。两相对比，就自然而然地得出了结论："仁义不施而攻守之势异也。"我们再看范仲淹《岳阳楼记》的结构，这篇文章共分五段：第一段，介绍写这篇文章的起因，即滕子京被贬巴陵郡，在那里修建了岳阳楼，请作者"作文以记之"；第二段，概括地写岳阳楼的地理位置和楼上所看到的景象；第三段，详细描写人们在阴雨连绵的日子里看到的凄凉景象以及悲伤心情；第四段，详细描写人们在"春和景明"的日子里看到的美好风景以及愉悦的心情；第五段，引发议论，阐发了"不以物喜，不以己悲"的观点，进而升华出了"先天下之忧而忧，后天下之乐而乐"的主题。按照文章起承转合的结构来分析，《岳阳楼记》的第一段是"起"，第二段是"承"，第三段、第四段是"转"，第五段是"合"，而第三段和第四段之间又是一个对比关系。

《岳阳楼记》的主题是在文章的最后部分"升华"出来的，也有很多文章是一上来就亮出主题、然后再步步为营地展开论述的。苏洵《六国论》就是这样，《六国论》开头就说："六国破灭，非兵不利，战不善，弊在赂秦。"

为了证明这个主题，作者提出了两个分论点。第一，"赂秦而力亏，破灭之道也"。这是针对那些用割地的方式贿赂过秦国的国家，他们用本国的土地贿赂秦国，导致自己的国家越来越弱小，直至灭亡。第二，"不赂者以赂者丧，盖失强援，不能独完"。这是针对那些没有向秦国割地的国家来说的，这些国家虽然没有贿赂秦国，但其他国家对秦国贿赂，让秦国变得强大，同时也使这些国家失去了援助，最后仍不免灭亡。接下来的两个自然段论证这两个分论点。第四段，提出一种假设，说若六国当初"以赂秦之地封天下之谋臣，以事秦之心礼天下之奇才"，那么秦国根本不可能吞并六国。第五段，借古讽今，从历史谈到现实，说"苟以天下之大，而从六国破亡之故事，是又在六国下矣。"这段的用意很明显，就是告诫北宋的统治者要吸取六国灭亡的教训，不要以贿赂敌国的方式处理外交关系，以免重蹈六国破灭的覆辙。

《过秦论》《岳阳楼记》《六国论》是三篇非常有名的古文名篇，我们分析这三篇文章，目的就是让大家学习一下文章大家是如何搭建文章结构的。我们多琢磨高手的写作思路与技巧，潜移默化之下就能提高自己的写作水平。

第三步是丰富素材，写作成文。如果说文章的主题是树根、提纲是树干的话，那么，这第三步就是在树干上长出的枝叶和果实了。这个步骤所要做的工作，说到底就是要把我们平时收集的有关这一主题的信息恰当地安排在各个部分之中。在实际写作的过程中，我们很可能会面临素材不够的问题，比如，在写到某处时需要举个例子，但手头却没有合适的例子；某处要引用一句名言，但自己的资料库中暂时也没有这方面的名言。面对这样的情况，我们就得查资料、搜素材了。俗话说"书到用时方恨少"，写作是一种高强度的输出，要拥有持续的输出能力，就必须有持续的大量的输入做支撑，所以，勤于写作的人，往往也是勤于阅读的人，这种现象叫作"用写作倒逼阅读"。

作者构建文章结构的能力，本质依然是处理复杂信息的一种能力。搭建文章结构的过程，其实就是作者对信息进行深加工的过程——他对收集的信息进行取舍、重组、提炼和补充，使之从混沌变得清晰，从芜杂变得有序，从指向模糊变得方向明确。如果一个人能将凝视内心的目光化为语言，那证明他处理复杂信息的能力一定很强，他也一定能把文章写得根深叶茂、摇曳多姿。

好句子的标准

主题词 ——— 写作，本质上是一种修行。它通过一次次的信息转化来训练我们的思维；它通过一次次的身份转换来提升我们的生命状态；它让我们借由书写来审视自己的内心。

"语言是思维的物质外壳"，语言总是与思想与情感联系在一起的。越是深刻有力的思想，越是深沉厚重的感情，越需要用最精准的语言来表达，这叫"好马配好鞍"。

要把语言写好，光考虑"说什么"是不够的，还必须在"怎么说"上下功夫。"怎么说"有时比"说什么"更重要。

写的句子叫人看得懂，这是对写作者最底线的要求。做到这一条并不难，但要有一个老老实实的态度。老舍先生说："写东西，要一句是一句。"老舍先生观察，有人写文章一直往下写，半天都没有一个句号，一直写下去，"连作者自己也不知道写到哪里去了，结果一定是糊涂文章。"而老舍先生自己写文章则"必须一句是一句，结结实实的，不摇摇摆摆。"他还说："我自己写文章，总希望七八个字一句或者十个字一句，不要太长的句子。每写一句时，我都想好了，这一句到底说明什么，表现什么感情，我希望每句话都站得住。当我写了一个较长的句子，我就想办法把它分成几段，断开了就好念了，别人容易念下去；断开了也好听，别

108

人也容易懂。"老舍先生的这些话，看似平淡无奇，实则是经验之谈。

那么，句子的好坏又该如何衡量呢？对此，著名的语言学家、教育家张志公先生给出了四个标准。他说："一个句子的正误优劣，决定于四个因素。一是事理，就是说，要看这个句子的意思说得对不对；一是情味，就是说，要看它的语气、色彩合适不合适；一是声音，就是说，要看它念着顺嘴不顺嘴，听着悦耳不悦耳；一是规矩，就是说，要看它合不合大家说话的共同习惯。"要做到写的句子合乎上述四条标准，就得用心推敲：词语用得恰当不恰当？词语的位置摆放得合不合理？有没有当省而没省的字？……总之，想提高驾驭语言文字的能力，一定要在遣词造句上多多留意、用心锤炼。

要做到"叫人听得懂和叫人愿意听"，除了每个句子写得容易懂之外，句子和句子之间的衔接也要有逻辑。心理学研究表明，人们在阅读的时候，文字这种抽象符号先是"唤醒"了大脑中成千上万的神经元，神经元快速链接，完成一个个的信息"组块"。在阅读的过程中，读者每弄清一些关联之处，他大脑中就会形成新的"组块"。一个句子会形成一个"小组块"，一个段落会形成大一些的"组块"，或者是彼此有联系的"组块"群。

不过，大脑形成"组块"的前提是文字之间要有逻辑联系。如果没有逻辑联系，那么，大脑就会胡乱搭建联系。这样，读者对作者的误会就更大了，因此，我们要写出一段井然有序的文字，就必须把要表达的内容整理成干净利落的层级关系，然后要用相同的主语形成主题链。只有这样，读者从上一个句子读到下一个句子时，注意力才集中在同一个主题上。有的写作者不注意这一点，在写句子的时候胡乱变换主语，于是就出现了"前言不搭后语"的毛病，所以，我们在写句子时要尽量使用"线性的文字"，即用同一个视角观察事物，用同一个主题思考问题。

写作的过程，包含搜集信息、整理信息、分析信息、传达信息、接受反馈、调整优化等诸多环节。正因如此，在写作的过程中，作者的身份其实也是经过多次变化的：当你收集信息的时候，你是一个观察者和收集者；当你整合信息的时候，你是一个组织者和思考者；当你说出信息的时候，你是一个行动者和创造者。当整个作品完成的时候，你在不知不觉间就学会了"分身术"。你经常用不同的身份面对这个世界，还能切换自如，这岂不美妙？

每一位写作者都有在深夜里苦思冥想、字斟句酌的经历。我们之所以要在这个过程中兢兢业业、尽心尽力，绝不仅仅只是为了谋得"文笔好"的虚名，也不仅仅是为了多赚点稿费、版税那么实际。写作，本质上是一种修行。它通过一次次的信息转化来训练我们的思维；它通过一次次的身份转换来提升我们的生命状态；它让我们借由书写来审视自己的内心。写作不一定能让你过上油烹鼎沸、金玉满堂的奢华生活，但写作一定会让你的生命更纯粹、更丰盈。

第四章
信息输出

具体的有画面感的信息能给人留下深刻印象；简单的信息能给人留下深刻印象；意外的信息也能给人留下深刻印象。

对抗陈词滥调

主题词 —— 语言跟着思想情感走，你不肯用俗滥的语言，自然也就不肯用俗滥的思想情感，你遇事就会朝深一层去想，你的文章也就真正是'作'出来了，不至于落入下乘。

写作是一种智力劳作，应该尽量创新，避免陈词滥调，不可因循苟且。

陈词滥调是好文笔的大敌，如果一个人想拥有好文笔，那就要像对抗瘟疫一样对抗陈词滥调。

我们首先就要在思想意识上对惯用话语抱有相当的警惕态度。因为一种话语一旦成为习惯用语，被太多的人挂在嘴边，那它的精确性就会受损——为了达到"惯用"，这个词在一定程度上是舍弃了个体独特性的。而写作所需要寻找的那种精准表达，恰恰就是要发现词语的独特性。

韩愈在《答李翊书》中曾说："惟陈言之务去，戛戛乎其难哉！"说的就是写作要去除陈词滥调，使用鲜活的语言，尽管要做到这一点很难。对此，美学家朱光潜先生说："一件事情发生时立即使你联想到一些陈语滥调，而你也安于陈语滥调，毫不斟酌地使用它们，并且自鸣得意。这就是近代文艺心理学上所说的'套板反应'。一个人的心理习惯老是倾向'套板反应'，他就根本与文艺无缘，因为就作者说，'套板效应'与创作动机是仇敌，就读者说，它引不起新鲜而真切的情趣。"

"套板反应"在不同时代、不同群体的身上会有不同的表现，比如，古人形容一个人学问好，喜欢用的说法是"才高八斗，学富五车"；如今的家长夸赞"别人家的孩子"，爱用的说法是"妥妥的学霸"。其实，这些都是陈词滥调。夸一个人是"妥妥的学霸"，非常空泛。到底是怎样的学霸？哪方面的能力特别突出？有什么惊艳的表现？……一点具体的细节都没说，无法给人留下深刻的印象。"才高八斗，学富五车"也一样，只给了一个学问好的概念，具体厉害在什么地方？才华高到什么地步？学问渊博到什么程度？得没得过公认的大奖？在学界拥有怎样的地位？……也都没说。

好的写作不能满足于笼统的说法，而要刻意寻求更具体、更精准的表达。小学生写作文，动不动就写"我高兴极了"，然后，文章就结束了。"高兴极了""伤心极了"之类的就是小学生的陈词滥调。应该把高兴的状态具体写写。有的人高兴起来会不自觉地哼唱小曲，边唱还边舞动身躯；有的人高兴起来会眉飞色舞地给别人诉说趣事，说的时候眼睛放着光，语速都比平时快好多。这是不同的人各不相同的高兴状态。还有，人们在不同场合表达高兴的方式也不尽相同。一个人在剧院里听相声听得很高兴，他可能会笑出眼泪来；一个人在足球场里看球赛看得高兴了，他可能会吹一个响亮的口哨。

有了具体的细节描写，文字就有了画面感。设法把文字写得有画面感，是避免陈词滥调的一个好办法。

当然，避免陈词滥调最好的办法就是不断创新。你写的是别人从来没写过的新题材，或者你采用了新视角，或者你找到一种全新表达技法，那你笔下的文字肯定不是陈词滥调，比如，在绝大多数人还习惯于读《诗经》那样的"四言诗"的时候，屈原创造性地写出了《离骚》。对于二者之间的差别，我们可以通过具体的例子感受一下。

《诗经》中的《关雎》是这样的——

关关雎鸠，在河之洲。

窈窕淑女，君子好逑。

参差荇菜，左右流之。

窈窕淑女，寤寐求之。

求之不得，寤寐思服。

悠哉悠哉，辗转反侧。

······

四字一句，典型的四言诗。

而屈原所写《离骚》的句子则是这样的——

······

116

日月忽其不淹兮，春与秋其代序。

惟草木之零落兮，恐美人之迟暮。

不抚壮而弃秽兮，何不改乎此度？

乘骐骥以驰骋兮，来吾道夫先路！

……

屈原频繁地使用"兮"这个语气助词，使句式富于变化，表达的情感也变得更为复杂。屈原在文学上的种种创新，直接让中国文学从《诗经》阶段过渡到"楚辞"的阶段。

外国文学史上也有类似的情况。在普希金之前，当时的俄国贵族习惯于使用法语。普希金率先用俄语写作，并写出伟大的诗歌和小说。普希金伟大的文学成就在这里就不展开讲了，我们不妨看看他的《致大海》结尾处的几句，来感受一下——

啊，再见吧，大海！
我永远不会忘记你庄严的容光，
我将长久地，长久地
倾听你在黄昏时分的轰响。
我整个心灵充满了你，
我要把你的峭岩，你的海湾，

你的闪光，你的阴影，还有絮语的波浪，

带进森林，带到那静寂的荒漠之乡。

普希金用俄语写出伟大的诗歌和小说之后，俄国文学由此掀开了新的一页。普希金本人也因此被誉为"俄罗斯文学之父"。

还有哥伦比亚的作家加西亚·马尔克斯，他的长篇小说《百年孤独》是影响力最大的魔幻现实主义作品，对世界文坛产生了深远影响。作家许荣哲认为《百年孤独》的开头是"最好的小说开头"。马尔克斯是这么写的："多年以后，面对行刑队，奥雷连诺·布恩迪亚上校会想起父亲带他去看冰块的那个遥远的下午。"

这个开头之所以好，就在于作者把现在时、未来时和过去时浓缩在了一个句子里，一下子开创了小说叙事时空的新天地。人们读小说，读到第一个字的时候，就会本能地从自己的时空跳到小说设定的时空中，这是一个心理开关。可是马尔克斯的这部小说一上来就是"多年以后"，一下子就把读者带到了未来时。那个时候，奥雷连诺上校正面对行刑队，要被枪决。在这个生死关头，他想起了父亲带他去看冰块的那个遥远的下午。"想起"二字一出现，读者又急急忙忙地往回跑，越过小说设定的当下，跑到过去。一个句子浓缩了现在时、未来时和过去时，一下子就把主人公的命运轮廓给勾勒出来了。

奥雷连诺上校一生经历了 32 次革命失败，到了 90 多岁，还嚷着要武装他的 17 个私生子去推翻政府。这样的人遭遇革命失败，差点被枪决，正印证了"性格决定命运"的说法。可以说，"面对行刑队"是奥雷连诺上校的命运，而触摸冰块则体现了他的性格。

"父亲带他去看冰块的那个遥远的下午"到底发生了什么事？原来，当奥雷连诺上校还是个小孩的时候，父亲带着他和哥哥去吉卜赛人的帐篷里看冰块，父亲要两个孩子摸一摸冰块。可是，面对从未见过、冒着白烟的冰块，哥哥退缩了。可奥雷连诺却勇敢地伸出手，触摸了冰块。触摸冰块虽是一个极小的生活细节，但它体现了奥雷连诺上校的性格：无惧风险、勇敢坚毅。拥有这样性格的人，天生适合搞革命，而搞革命就要接受革命失败后"面对行刑队"的命运。"父亲带他去看冰块的那个遥远的下午"和"面对行刑队"这两件看似毫不相干的事，就这样神奇地发生了因果联系。

当然，我们必须说，无论是开创全新的写作领域，还是使用新的写作技法，都是非常伟大的作家的高级创新，普通人很难取得这么高的成就。伟大作家的成就我们不能复制，但是他们的创新意识却值得我们学习。我们在写作中去避免陈词滥调，这在本质上就是一种创新意识。有了这种意识，就能倒逼我们不断创新。创新这桩事，需要我们充分调动智力，所以，我们在写作时应刻意保持"烧脑"的状态——好的作品，大都是动用了足够智力的结果。法国大作家马塞尔·普鲁斯特曾把艺术上的创新比作眼科医生的手术，他说："敢于创新的艺术家，在成名以前所做的努力，堪比眼科医生所做的手术。他们作画、写书，好比医生给病人治疗，这个过程未必赏心悦目。等一切都结束了，他们对我们说：'现在请看吧。'我们看到的世界让我们觉得它跟以前的世界全然不同，但又完全是清晰明白的。"

有人可能会问了：如果我写的不是什么新题材，也找不到全新的写作技法，那又该怎么办呢？

办法还是有的。李渔在《闲情偶寄》中说："意新为上，语新次之，字句之新又次之。"在没有新理念、新题材，也没有新技法的情况下，那我们就不妨追求"字句之新"。

比如爱情，这是很多小说都写过的题材，并不新鲜。爱情故事的类型也就那么几种，也很难创作出全新的花样。那怎么办呢？就彻底放弃、不写了吗？也不是，我们还可以多动动脑筋，在"字句之新"上下一番功夫，比如，你写："翠花非常爱大栓子，爱得死去活来。"这就有陈词滥调之嫌，很难打动读者。而斯蒂芬·茨威格在《一个陌生女人的来信》

中这样写女主人公对男主人公的爱——

我仿佛是你口袋里的怀表，绷紧着发条，而你却感觉不到。这根发条在暗中耐心地为你数着一分一秒，为你计算时间，带着沉默的心跳陪着你东奔西跑，而在它那嘀嗒不停的几百万秒当中，你可能只会匆匆地瞥它一眼。

这段话写的是女主人公卑微而绝望的爱情，她把自己比喻成男主人公口袋里的怀表，感情抒发得极具穿透力。

同样是表达炽热的爱情，廖一梅在《恋爱的犀牛》中也写过一段让人过目难忘的文字——

忘掉她，忘掉她就可以不必再忍受，忘掉她就可以不必再痛苦。忘掉她，忘掉你没有的东西，忘掉别人有的东西，忘掉你失去和以后不能得到的东西，忘掉仇恨，忘掉屈辱，忘掉爱情，像犀牛忘掉草原，像水鸟忘掉湖泊，像地狱里的人忘掉天堂，像截肢的人忘掉自己曾快步如飞，像落叶忘掉风，像图拉忘掉母犀牛。忘掉是一般人能做的唯一的事。但是我决定——不忘掉她。

这段文字前面讲了一大段忘掉的好处，还举了一组例子，但最后却说"但是我决定——不忘掉她"。这是典型的欲扬先抑，也是"字句之新"的又一经典案例。

爱情之外，我们还可以看更接地气的例子，比如，你想形容一个人特别有毅力，有下面两种说法。

第一种说法："坚持做一件事，即使短期看不到回报，也要继续下去。"

第二种说法："用一个人的长期主义去对冲这个世界的不确定性。"

这两句话的表面意思好像差不多，但是第一种说法听起来就感觉差点劲儿。为什么？因为第一种说法的使用背景太宽泛了，学习、工作、锻炼、唱歌、跳舞都可以使用这个说法。它说的道理虽然没错，但听起来有浓浓的鸡汤味，甚至有陈词滥调之嫌，但是，换一种表达方式，说"用一个人的长期主义去对冲这个世界的不确定性"就不一样了。你可以感受一下"长期主义""对冲""不确定性"这几个词，这些词常常与科研、艺术、创业、创新等活动联系在一起，有一种"明知山有虎，偏向虎山行"的豪情，所以第二句话就比第一句话更能打动人。

"字句之新"不是靠玩弄文字技巧就能实现的。语言是思维的物质外壳，我们在写作时有意摒弃陈旧的语言，采用新鲜的语言表达方式，这本身就是一种创造，同时，它也能促使我们诞生新的思想情感。关于这一点，朱光潜先生说："语言跟着思想情感走，你不肯用俗滥的语言，自然也就不肯用俗滥的思想情感，你遇事就会朝深一层去想，你的文章也就真正是'作'出来了，不至落入下乘。"这句话道出了对抗陈词滥调的终极价值——不甘平庸的超拔精神和追求卓越的自强品格。如果你是一个不甘平庸的人，如果你是一个追求卓越的人，那么表现在写作上，你就会像对抗瘟疫一样去对抗陈词滥调，然后，全力以赴地拥抱那些闪闪发光的文字，就像全力以赴地拥抱久别重逢的爱人。

追求简洁有力的文风

主题词 —— 通过具体的事物来描写抽象的事物，这是作家必须具备的一种能力。要熟练掌握此项能力，最好的办法就是：多写有画面感的文字。那又该怎么做才能写出有画面感的文字呢？我的心法是：不要满足于一般性的陈述，要多进行联想和想象。

拳击运动中，真正的高手都是没有多余动作的，反倒是水平不够的人才会去炫耀花拳绣腿。花拳绣腿可以糊弄外行，可一旦遇到真正的高手，就只有挨打的份儿。写文章也一样。真正的写作高手是不允许文章中有废话的。他们都力避啰唆，追求简洁。道理很简单，与冗长的句子相比，简洁的句子更有力量感。大家都听说过"简洁有力"这个词，而没有听到过"冗长有力"的说法吧？

为什么简洁的表达更有力量感呢？因为简洁的表达剔除了信息冗余，留下的全是读者需要的干货，此其一。其二，人类的大脑在处理信息时，第一时间很难处理特别复杂的内容，所以人们天然地喜欢能把复杂问题进行简单化表述的语言，而不喜欢把简单问题进行复杂化表述的语言。也就是说，简洁的语言便于读者接受，也便于传播，是一种极其高效的表达，所以它远比花哨的堆砌辞藻更有力量。

为了让大家了解这一点，我们不妨再看一下当年美国登月计划的两种表述——

第一种：我们的目标是，通过高度团结的合作与充满战略优势的设计，取得全球太空工业的领先地位。

第二种：我们的目标是，未来十年，把一个人送上月球，再把他活着带回来。

两相比较，哪个表达效果好？显然是第二种。原因就在于第二种表述简洁有力，容易被人记住，而这句话正是美国前总统肯尼迪说的。

如何才能让自己的文字简洁有力？我给出的建议是：写文章时，句子尽量不要太长，过长的从句要拆成几个短句——因为短句更便于人们理解，短句也更有节奏感。

还是看例子。中国古代的很多优秀诗句，都很短，而短句又制造出了一种特殊的节奏感，比如《诗经》中的一首："蒹葭苍苍，白露为霜。所谓伊人，在水一方。"每一句只有四个字，但放在一起，节奏感极强，让人过目难忘。

再比如曹操写的《观沧海》——

东临碣石，以观沧海。
水何澹澹，山岛竦峙。

125

树木丛生，百草丰茂。

秋风萧瑟，洪波涌起。

日月之行，若出其中。

星汉灿烂，若出其里。

幸甚至哉，歌以咏志。

　　整首诗使用的全是短句，节奏感极强。大家试想一下，这两首诗如果不用短句来写，而是把同样的意思改成长长的句子，那么，文字的节奏感和力量感还一样吗？肯定不一样。

　　有人可能会说，你举的是古人的例子，我们现代人用白话文写作也要多写短句吗？我的答案是："简洁有力"的道理在白话文写作中同样适用。作家王小波曾举过一个例子："朝雾初升，落叶飘零，让我们把美酒满斟。"这个句子就很有节奏感和力量感。如果我们嫌它太短，偏要改成这样："早晨的雾气慢慢地升起来，落叶飘零，让我们把美酒满斟。"力量感和节奏感是不是就弱了好多？前者像草原上纵马疾驰的追风少年，后者则像是广场上慵懒遛弯儿的大妈，意思虽然仍一样，但两者的精气神则完全不同。

　　因此，我们要提高自己的文采，首先就要明白"简洁有力"的道理，要多在文章中写短句子。写短句子还有一个好处，就是能让你少写病句。我做编辑的时候审稿子，发现好

126

多人写病句都是句子写得太长造成的。句子写得太长，一句话中包含的信息量就比较多，相应的，这些信息之间的逻辑关系也就复杂。这类长句，一不小心就会写成病句。怎么办呢？我的建议是，如果你的文章中有逻辑关系特别复杂的长句子，那就不妨将它改成若干个短句子。一个短句说清一个意思，若干个短句组合在一起，也能把复杂意思说清楚，而且也更便于读者的阅读和理解。退一万步说，仅从方便读者阅读的角度着想，我们也应该多写短句子，少写长句子。长句子读起来不但不朗朗上口，而且会把人读得上气不接下气，非常不人性化。

除了有意识地多用短句外，用心删改也是做到行文简洁的必要程序。鲁迅先生向青年朋友介绍自己的写作经验时就说："写完之后至少读两遍，竭力将可有可无的字、词、句、段删去，毫不可惜。"通过阅读，删掉"可有可无的字、词、句、段"，可以改掉啰唆的毛病，使文章成功"瘦身"。俄国著名作家陀思妥耶夫斯基也说："作家最大的本领是善于删改。谁善于和有能力删改自己的作品，谁就前程远大。"

当然，要想让文字简洁有力，也不是说仅把句子缩短就够了。追求文字简洁有力的底层逻辑是写作者能够精准表达。不是字数少就能让文字简洁有力，而是精准表达能让文字简洁有力。是精准赋予简洁以力量，是精准让简洁不简单，是精准让平凡的文字顿生文采。

"红杏枝头春意闹","闹"字就是精准表达,你把这个字改成任何字都传达不出这种独特的意境;"云山苍苍,江水泱泱。先生之风,山高水长","先生之风"就是精准表达,你把它改成"先生之德",味道都要差很多很多;"感时花溅泪,恨别鸟惊心","溅泪""惊心"就是精准表达,如果改成"流泪""伤心",那就非常一般、不是好诗了。精准表达的作用由此可见一斑。

不唯古人的诗文如此,今人亦如此。王鼎钧先生写过几句诗:"光阴遗弃了你/任你垂垂蹉跎/哑了树上的黄莺/老了江南的表妹。"这首诗中,"江南的表妹"就是精准表达,如果把"表妹"改成"表姐",滋味就完全不同了;如果把"江南"改成"塞外",则意境完全不搭。

从上面的这些例子我们可以看出,要把文字写得简洁有力绝非易事。它不仅要求我们要改掉啰唆、冗长的行文毛病,而且还要精心地遣词造句,学会精准表达。为了实现精准表达,我们就要对惯用话语抱有相当的警惕。因为一种话语一旦成为习惯用语,被太多的人挂在嘴边,那它的精确性就会受损——为了达到"惯用",这个词在一定程度上舍弃了个体的独特性。而实现简洁有力所需的那种精准表达,恰恰就是要发现词语的个体独特性,并使之彰显出巨大的文学魅力。这当然是一项极具挑战性的事业，但也何其艰难，所以做到才让我们更有成就感。有些路正因为远我们才去走，有些山正因为高我们才去登攀，有些事正因为难我们才去做。

　　作为写作者，如果是女性，请像追求身材苗条那样去追求简洁有力的文风；如果是男性，请像力避中年油腻一样力避文字臃肿。简洁有力的文风，便是我们展示给读者的一种体面身材。

多写有画面感的文字

主题词 —— 通过具体的事物来描写抽象的事物，这是作家必须具备的一种能力。要熟练掌握此项能力，最好的办法就是：多写有画面感的文字。那又该怎么做才能写出有画面感的文字呢？我的心法是：不要满足于一般性的陈述，要多进行联想和想象。

多写有画面感的文字，牢记此法，相当于把车开上了高速公路——快速提高写作能力之路。

有画面感的文字能唤醒读者的切身感受，迅速与作者建立情感联结。如果我们多加留意，就会发现，很多优秀的唐诗就写得很有画面感，比如，柳宗元的《江雪》——

千山鸟飞绝，万径人踪灭。

孤舟蓑笠翁，独钓寒江雪。

整首诗，每一句都有画面感，而四句结合在一起，又是一幅构图完整的画。在这幅画中，有景有人，人物还有动作，有情绪，主题也异常清晰，那就是：孤寂。

再看杜甫的《旅夜抒怀》——

细草微风岸，危樯独夜舟。

星垂平野阔，月涌大江流。

名岂文章著，官应老病休。

飘飘何所似，天地一沙鸥。

是不是也很有画面感？夜晚，微风吹拂岸边的细草，一人一舟漂流在河上。远远看去，星空与原野相接，月光照耀在奔涌的大江之上。此情此景，才引发了作者"名岂文章著，官应老病休"的现实感伤和"飘飘何所似，天地一沙鸥"的时空喟叹。

再看常建的《题破山寺后禅院》——

清晨入古寺，初日照高林。

曲径通幽处，禅房花木深。

山光悦鸟性，潭影空人心。

万籁此都寂，但余钟磬音。

清晨古寺，初日高林，曲径禅房，高山深潭，鸟鸣钟声……诗人基本上也是一句一个画面，几个画面组合在一起，又构成了一幅更大的画面，突出了禅院的幽静与空灵。

顺便说一句，我们背诵唐诗，目的不能仅仅为了做考试填空题，甚至也不能停留在欣赏的层面上。唐诗，是中国传统文化的一块瑰宝。我们学唐诗应该立体地学，除了背诵之外，我们还可以通过唐诗来学习写作。唐诗之所以拥有强大的生命力，一个重要原因就是诗人有极高的写作才华。我们在读这些传诵千古的诗篇时，不妨多想一想：这首诗为什么能打动我？诗人用了哪些写作技巧？我能学到什么？……这样，我们再读唐诗时就又多了一个学习维度：提高写作能力。如果经常这样读唐诗，那我们从唐诗中吸收的营养是不是也就更多一些？

　　多写有画面感的文字，不止限于景物、人物、场面这些看得见摸得着的具体事物。针对一些抽象的事物，我们也可以写得有画面感。

　　现实生活中，我们每个人都会有很多感受：天太热了、风太大了、我很悲伤、我非常高兴……很多人在向别人倾诉或写文章时也爱表达这些感受。小学生写作文爱写："今天我过得真快乐！"流行歌曲也唱："咱们老百姓今儿个真高兴！"问题是，我们能不能动动脑筋，用有画面感的文字来表达这些感受？

　　你光说"天太热了"，那是一个概念，读者不会有切实的感受；你光说"我很悲伤"，那也只是你的个人感受，读者不会看到"悲伤"这个词就与你产生情感上的共鸣。如果你能写一段有画面感的文字，具体地来描写一下这些感受，那效果就不一样了。不信，请看美国作家哈珀·李在小说《杀死一只知更鸟》中的一段描写，她写的就是梅科姆小镇的夏天有多炎热——

那时候的天气好像更热些：黑狗在夏日里煎熬着，广场上闷热的槐树荫下，套在大车上的瘦骨嶙峋的骡子在驱赶苍蝇。男人们挺括的衣领不到上午九点钟就耷拉了下来。女士们中午洗一次澡，下午三点钟睡完午觉再洗一次，等到夜幕降临时，她们个个汗湿甜腻，像撒了一层痱子粉当糖霜的软蛋糕。

"天太热了"，这本来是人们的身体感受，但哈珀·李把这种感受写得极有画面感：黑狗怎样、骡子怎样、男人的衣领怎样、女士们如何频繁洗澡……通过这些，就烘托出了梅科姆小镇夏天的炎热。这段文字的最后一句尤其出彩："她们个个汗湿甜腻，像撒了一层痱子粉当糖霜的软蛋糕。"既生动又幽默，让人读后会心一笑。

既然"热"可以写得有画面感，那么"冷"也可以。再追问一下：既然冷热之类的感受可以用有画面感的文字来描写，那心理活动呢？其实也可以。奥地利作家史蒂芬·茨威

133

格就在《一颗心的沦亡》中写过这样的句子："他试着思考，可是思绪一团混乱，像许多蝙蝠飞成一团。"作者把一团混乱的思维比作"许多蝙蝠飞成一团"，立刻就有了画面感，原本抽象的事物也转化成了具体的形象。

英国作家詹姆斯·巴里在《彼得·潘》中写道："他富于幻想的内心，就像来自神秘东方的小盒子，一个盒子装一个盒子，无论你打开多少个，里面还有另一个。"你看，如果只是说"他的内心很复杂"，就是简单的陈述，不能给人留下深刻印象，而用"俄罗斯套娃"一比喻，文字立马就出彩了。

通过具体的事物来描写抽象的事物，这是作家必须具备的一种能力。要熟练掌握此项能力，最好的办法就是多写有画面感的文字。那么，怎样才能写出有画面感的文字呢？

我的心法是：不要满足于一般性的陈述，要多进行联想和想象。尤其是在面对抽象事物的时候，我们要本能地往具体事物的方向去联想和想象。

写出有画面感的文字，本身并不是一件多么难的事，关键在于我们的头脑中要有一根弦儿，写的时候要想着画面感这回事，多调动平时的生活感受，多联想，多想象。文章写完，修改的时候也要多斟酌一番，想想那些平铺直叙的句子是否可以改得有画面感？经常这么思考，这么操练，你的文字就会散发光芒，你的内心也会变得细腻而丰盈。

行动建议：写几段有画面感的文字

1. 你思念过亲人、朋友和故乡吗？请试着把这种思念写得有画面感。

2. 你做过梦吧？请把梦中的画面用文字描绘出来。

3. 你还记得第一次坐高铁或第一次坐飞机时的情形吧？请用文字写出当时的状况，最好能给人以如临其境的感觉。

…………

类似这样的练习还可以做很多、很多，哪怕一次只写二三百字，练习三五次之后，估计你就能掌握写这类文字的技巧了。练习写文章这件事，不需要每一次都写一整篇的文章，可以针对不同的技巧，分别进行有针对性的片段练习。练会了分门别类的技巧，写整篇文章的时候再根据实际情况综合运用，这不失为一种事半功倍的做法。

写金句的秘诀

主题词 ——— 从表面上看，金句展示的是作者的文字功夫，可实际上，诞生金句的底层逻辑是作者善于处理复杂信息能力的一种语言外化。我们要写出金句，光从语言辞藻方面来学习是远远不够的。我们必须明白信息传播的一些基本规律，然后主动地利用这些规律，升级思维模式和表达模式。

金句让人过目难忘，极具传播性，因此，凡是写文章的人都希望自己的笔下能多诞生一些金句。那么，怎样才能写出金句呢？

从表面上看，金句展示的是作者文采斐然的文字功夫，可实际上，诞生金句的底层逻辑是作者善于处理复杂信息能力的一种语言外化。我们要想写出金句，光从语言辞藻方面来学习是远远不够的。我们必须明白信息传播的一些基本规律，然后主动地利用这些规律，升级思维模式和表达模式。

我们写文章也好，发表演说也罢，核心目的都是为了向外界传递信息。既然是向外界传递信息，那我们就希望传递出的信息给人留下深刻印象。那么，什么样的信息能给人留下深刻印象呢？

我先告诉大家结论：具体的有画面感的信息能给人留下深刻印象；简单的信息能给人留下深刻印象；意外的信息也能给人留下深刻印象。

知道信息传播中的这一规律有什么用呢？答案是：可以帮助我们更好地表达——如果我们写文章时能自觉地让文字符合具体、简单、意外这三条原则，那么我们的文章就会富于文采，让人过目难忘。

　　具体怎么操作呢？也有三个写作技巧，针对"具体"，我们要学会的表达技巧是：细节优于概念；针对"简单"，我们要学会的表达技巧是：简洁胜于周全；针对"意外"，我们要学会的表达技巧是：意外强于平常。

细节优于概念

　　著名的演讲家和作家几乎都是善用细节的高手，比如，马丁·路德·金就在《我有一个梦想》的演讲中使用了大量的细节，请看——

　　我梦想有一天，在佐治亚的红山上，昔日奴隶的儿子将能够和昔日奴隶主的儿子坐在一起，共叙兄弟情谊。

　　我梦想有一天，甚至连密西西比州这个正义匿迹、压迫成风，如同沙漠般的地方，也将变成自由和正义的绿洲。

　　我梦想有一天，我的四个孩子将在一个不是以他们的肤色，而是以他们的品格优劣来评价他们的国度里生活。

今天，我有一个梦想。我梦想有一天，亚拉巴马州能够有所转变，尽管该州州长现在仍然满口异议，反对联邦法令，但有朝一日，那里的黑人男孩和女孩将能与白人男孩和女孩情同骨肉，携手并进。

今天，我有一个梦想。

我梦想有一天，幽谷上升，高山下降；坎坷曲折之路成坦途，圣光披露，满照人间。

在这里，我简单介绍一下马丁·路德·金。马丁·路德·金出生在1929年，在20世纪60年代，他领导了美国的民权运动，要求通过新的民权法，给黑人以平等的权利。《我有一个梦想》就是他为争取黑人权益而发表的最著名的一篇演讲稿。这篇演说发表于1963年8月28日，地点是在林肯纪念堂前。1964年，马丁·路德·金获得了诺贝尔和平奖。四年之后，也就是1968年，马丁·路德·金被刺杀，年仅39岁。

回过头来我们再看这篇演说稿。马丁·路德·金的这个演说，最核心的诉求是争取黑人的权益，即反对种族歧视，让黑人和白人拥有平等的待遇。假设他在演讲中去掉了大量的细节，转而大谈特谈为什么应该人人平等、人人平等有多么重大的历史意义，那这篇演讲还能有如此重大的感染力吗？显然不能。

概念虽然可以诉诸人们的理性，但在传播的过程中远不如细节更能打动人心。如果只使用概念，而不动用有效细节，那么文章或演讲就会言语乏味，空洞无力，不能给人留下深刻的印象。

我们还可再举一个例子。美国曾组织过模拟法庭来做实验，专门测试细节的力量。法庭要判的是一起双亲争夺小孩抚养权的案子。母亲为了争夺孩子的抚养权，自然要陈述自己如何爱孩子。这时出现了两个版本。

第一个版本，母亲说："我非常爱孩子，每天晚上陪着他刷牙。"

第二个版本，母亲说："我非常爱小孩，每天晚上都拿着米老鼠的牙刷陪着他刷牙。"

第二个版本只多了米老鼠牙刷一个细节，但这一个细节对陪审团的影响非常大，很多人会被这个细节所打动，支持法庭把孩子的抚养权判给母亲。

反过来，孩子的父亲要争夺孩子的抚养权，他则要设法证明母亲不够爱自己的孩子。这时父亲的陈述也有了两个版本。

第一版本说，有一次这个孩子摔伤了，但是他的妈妈却没有出现，是护士阿姨给孩子涂的药水。

第二个版本说，有一次这个孩子摔伤了，但是他的妈妈并没有出现，是护士阿姨给孩子涂的药水。红药水打翻了，滴到了护士阿姨的裙子上。

第二种说法只多了"红药水打翻了，滴到了护士阿姨的裙子上"这么一个小小的细节，但是这个细节却具有极大的力量，它能让陪审团成员对这个妈妈的印象比较负面。

通过上面的例子，我们可以看出，细节在表达中发挥着多么重要的作用！一个好的细节不仅能胜过长篇大论的乏味说教，甚至能胜过千军万马。再勇敢的千军万马也会消散于漫长的历史风尘之中，而一段饱含感人细节的语言，则可历久弥新，被人反复咂摸。

简洁胜于周全

很多人写文章时总喜欢追求周全，希望面面俱到。这种思维模式看似无比正确，其实大错特错。原因很简单，第一，面面俱到实际上是做不到的；第二，写文章也没必要面面俱到。

为什么呢？我们仍然从信息传播的角度来解释这个问题。写作这件事之所以发生，最核心的一点就是作者要向读者传递信息。作者是信息的发布者，读者是信息的接收者，两者之间存在着巨大的信息不对等，即作者在某个领域内掌握的信息（比如专业知识）要远远高于普通读者。传播学有一个原理：当交流双方出现巨大的信息差时，最核心的问题不是你说得多全，而是对方能记住多少。

　　因此，信息发布者最该做的并不是把某一领域的所有信息原封不动、毫无保留地"灌输"给接收者，而是要学会换位思考，通过精确筛选，将接收者最想知道、最该知道的信息以恰当的方式呈现出来。在这个过程中，衡量传播效果的好坏，应该以接收者的良好获得感和体验感为标准，而不是以发布者"灌输"信息量的多少为标准。

　　举例来说，一位物理学家写文章向公众普及量子力学的知识，他在文章中引用了 100 个物理学公式，但因为讲得太难，公众一个也没记住，传播效果近乎是零；反过来，他在文章中哪怕一个公式都没引用，但他讲清了量子力学的核心原理及发展历程，让读者对量子力学产生了兴趣，那他这篇科普文章也是成功的。科学普及也好，文史普及也罢，其最大的意义就在于引发公众的喜爱之情和浓厚兴趣，而非一下子让公众成为某个领域的专家。

放弃了追求周全的思维定式之后，我们自然而然就能得到写文章的正确"姿势"：追求简洁。简洁，才能聚焦重点；强化了重点，读者才能有收获；读者有收获，作者的写作目的才能达成。

意外强于平常

"文似看山不喜平"，平平常常的句子往往打动不了读者。这个时候就要打破常规，动动脑筋，写出有意外感的句子，通过制造意外，来给读者留下深刻印象，比如，鲁迅就写道："在我家的后院有两棵树，一棵是枣树，另一棵还是枣树。"鲁迅先生这么写，就比直接写"我家后院有两棵枣树"效果好，因为读者感到了意外。有了意外感，读者就格外关注这句话，直到最后记住了它。

捷克作家米兰·昆德拉也是"制造意外"的高手，比如他说："令她反感的不是世界的丑陋，而是这个世界戴着的漂亮面具。"他还说："表面是清晰明白的谎言，背后却是晦涩难懂的真相。""这是一个流行离开的世界，但是我们都不擅长告别。"这些句子之所以能够成为金句，就是因为它们"出乎意料，又在情理之中"。

有人可能会问：想写出有意外感的句子，有没有什么窍门？

有。这个窍门就是学会逆向思维。人们在日常生活中多使用正常的惯性思维，我们写作时一旦打破惯性思维，使用了逆向思维，往往便会收到奇效，比如，莎士比亚写道："他的聪明好像只有一颗芥末的种子那么大，要是他会思考，一根木棒也会思考。"你看，他借用"聪明"去形容一个人"笨"，效果就比直接写"笨"精彩很多。

美国大法官约翰·罗伯茨在他儿子的毕业典礼上发表演讲，演讲中说："我希望你们常常遭遇到不公正的对待，这样你们才明白公平正义的价值；我希望你们受到背叛，这样你们才能学到忠诚的重要；我希望你们偶尔会感到孤独，这样你才不会把朋友视为理所当然。"如果作者不运用逆向思维，而是直接说："我希望你们明白公平正义的价值，希望你们学会忠诚，希望你们珍视友谊。"那表达效果就要差很多。运用了逆向思维，就有了强烈对比；有了强烈对比，就极具感染力。

作家刘瑜写过一篇散文叫《小布谷，愿你慢慢长大》（小布谷是她的女儿），这篇散文的结尾是这样写的："小布谷，愿你慢慢长大。愿你有好运气，如果没有，愿你在不幸中学会慈悲。愿你被很多人爱，如果没有，愿你在寂寞中学会宽容。"作者写这段话同样运用了逆向思维，先有一层祝愿，再假设一层否定，最后再追加一层祝愿，这样的结构，通过否定反而强化了肯定，远比直接写祝愿要有力得多。

我自己也用逆向思维写过句子。我写历史普及读物，也做一些文史讲座，经常遇到读者问"历史与现实之间的关系到底如何"之类的问题。这类问题若展开讨论比较复杂，非三言两语所能讲清。于是我在一篇创作谈中写道："只有用深情目光凝视现实的人，才能倾听得到来自历史深处的遥远回声。"我动用"凝视"和"倾听"这两个日常动作，把"现实"和"历史"两个时间上对立的概念紧紧地串联起来，一句话浓缩了很多内容，也传达了我对历史和现实之间关系的核心理解。我后来在讲座和新书发布会上多次引用这句话，每次都收到很好的效果。图书签售时，还有读者特意要求我把这句话写在书的扉页上。

最后，我们再强化一下这篇文章的核心问题：怎样写出给人留下深刻印象的金句？请记住三条写作技巧：细节优于概念，简洁胜于周全，意外强于平常。掌握了这三条，你也可以写出给人留下深刻印象的金句。

行动建议：读到金句抄下来

准备一个漂亮的笔记本，读书时遇到金句就抄在上面，闲时就翻一翻。用心琢磨过前人金句的人笔下才更有可能诞生金句。有人可能要问：都什么年代了还玩往笔记本上抄写金句的老套路，在手机或电脑上点击复制、粘贴不好吗？

就速度而言，点击复制、粘贴当然更快捷，可是，手动抄写这种看似笨笨的做法却能强化我们的记忆和理解，让我们对金句更"走心"。当今时代，"走心"往往比"走量"更可贵。

第五章
信息优化

重视修改表明我们精益求精的严肃态度，这是一个写作者理应秉持的对文字的敬畏之心。唯有对文字怀有敬畏之心，我们自己写下的文字才能在他人的心中刻下印痕。

修改的底层逻辑和操作清单

主题词 ——— 把修改当作写作中一个必不可少的环节，意味着作者学会了换位思考，多做了一层心态调整和身份转换的"工序"。多了这一道"工序"，意味着我们对文字的审视维度增多了。而经过了多维审视、多次修改的文字，无疑会比初稿中的文字更精准、更流畅、更优美。

很多人都知道"文章不厌百回改"的道理，可是在写作实践中，修改的作用还是被大大低估了。

谈及修改，中国人很容易想到"推敲"的典故。贾岛是唐朝著名诗人，特别重视修改。写出一首诗之后，他常常为了诗中的一句话或一个词反复斟酌、修改。他曾写过一首《题李凝幽居》的诗——

闲居少邻并，草径入荒园。

鸟宿池边树，僧敲月下门。

过桥分野色，移石动云根。

暂去还来此，幽期不负言。

李凝是贾岛的朋友，这首诗写的是贾岛去拜访李凝、到了住处却没遇到的事。这本是一件寻常小事，但诗人却动用草径、荒园、宿鸟、池树、野色、云根等意象，表达了作者对隐逸生活的向往之情，写得韵味绵长。这首诗中，"鸟宿池边树，僧敲月下门"两句历来脍炙人口。据说，贾岛最初写的是"鸟宿池边树，僧推月下门"。写完之后，觉着"推"字不够好，想换成"敲"字。可一时也拿不准是"敲"好还是"推"好。他骑驴赶路时还对此事念念不忘，一会儿用手做着"推"的动作，一会儿又做"敲"的姿势，反复斟酌。因为太专注于修改诗歌了，他不知不觉间就骑驴闯进了大官韩愈的仪仗队。

韩愈问贾岛为什么闯进自己的仪仗队，贾岛就把自己的那首诗念给韩愈听，并说出自己的困惑。韩愈是大文豪，他不但没有怪罪贾岛冲撞了自己的仪仗队，反而觉得遇到了知音。他对贾岛说："我看还是用'敲'好。"

修改完这首诗之后，两人"并辔语笑，同入府署，共论诗道，数日不厌"，成就了诗坛上的一段千古佳话。自此以后，"推敲"一词就成了中国修改诗文的别称。

贾岛"推敲"的典故，只是中国古人重视修改的一个事例。类似的故事我们还可以举出很多，比如王安石所写的"春风又绿江南岸"一句，初稿写的是"春风又到江南岸"，但他觉得"到"字用得不够好，就反复斟酌，改成"过"，又改成"满"，反复推敲，最后才改定为"绿"。从这个案例中，我们也可以看出佳句背后凝结的"苦吟"功夫。贾岛对这种精益求精的写作态度有过经典的概括，叫"两句三年得，一吟双泪流"。

美国著名作家海明威写小说《永别了，武器》，结尾处整整修改了三十九遍，其反复推敲的功夫堪比贾岛与王安石。法国著名作家尼·布瓦洛曾劝告写作者："不要失掉耐心，要十遍、二十遍地修改你的作品。要不断地润色它，润色、再润色才对。有时候可以增添，却常常要割爱删弃。"英国作家阿林汉说："每一段我都写了四次：一次是写下我想说的话，一次是添入我所遗漏的，一次是删去不必要的，再一次是把全文精练成我想要的。"俄国著名作家陀思妥耶夫斯基更是空前地重视修改，他说："作家最大的本领是善于删改。谁善于和有能力删改自己的作品，谁就前程远大。"你看，他把"善于删改"认定为"作家最大的本领"，这样的认知高度岂是一般人所能企及？

可能有人会问：文章写完之后，为什么一定要进行修改呢？修改的底层逻辑到底是什么？

我的理解是，修改文章和写作文章时的心理状态是不一样的。写作时，我们的心态是主观的，主要考虑的是把心中的所思所想表达出来，即"我手写我心"。修改时，我们的视角则从主观转变为客观，也可说是从作者视角变为读者视角了。书写时侧重的是情感的宣泄和理念的表达，而阅读时侧重的是信息的接受和文辞的美感。把修改当作写作中一个必不可少的环节，意味着作者学会了换位思考，多做了一层心态调整和身份转换的"工序"。多了这一道"工序"，意味着我们对文字的审视维度增多了。而经过了多维审视、多次修改的文字，无疑会比初稿中的文字更精准、更流畅、更优美。

我的写作经验也反复验证了修改"工序"之不可或缺：一篇文章写出来后，即使当时觉得已经很好了，可若过两三天再回头去看，仍会发现有很多地方需要修改，可能是表达得还不充分，可能是有的地方读起来还不顺畅，可能是有的句子还可以写得更漂亮。总之，只要肯多多用心，一篇文章的修改空间通常都是非常巨大的。如果缺乏足够的修改意识，文章写完之后就匆匆投出去发表，那么出现差错和遗憾几乎就是不可避免的。

更为关键的是，文章写完之后不好好修改，会极大地妨碍自己写作水平的提升——你不尽心尽力地修改文章，你往往也就意识不到自己写的文章还有哪些不足；你不在遣词造句方面劳神费心、兢兢业业，你也就没法成为运用语言文字的高手。

果戈理是俄国的著名作家，他一般会把自己写的稿子改八遍。第一遍，他把所想到的一切不假思索地写下来，写得差也没关系。写完之后把它忘掉，等过一两个月再把稿子拿过来读一遍，发现写得不好的地方修改一遍；然后又把稿子收起来，再过一两个月，再拿出稿子来读，再修改。如此重复，修改八遍，果戈理觉得一个作品修改八遍一般会让自己满意。当然，也会出现无论怎么改都不满意的情况，这时，果戈理会把稿子烧掉。

很多人写东西满足于意思表达得"差不多"就行了，这种不肯精益求精的做法是十分错误的。对此，著名作家马克·吐温说："恰当的词和差不多的词之间的区别就像灯火和萤火虫之间的区别。"一次"差不多"可能是小事一桩，两次"差不多"可能也无关大局，但是长期的"差不多"积累下来，就会使你与高手之间"差很多"。

因此，你若想成为写作领域的高手，那就千万不要在修改这一环节偷懒。重视修改表明我们精益求精的严肃态度，这是一个写作者理应秉持的对文字的敬畏之心。唯有对文字怀有敬畏之心，我们自己写下的文字才能在他人的心中刻下印痕。

讲完修改的重要意义和底层逻辑，可能很多人会问：既然修改文章如此重要，那么有没有一些具体的操作策略呢？接下来，我就要给大家提供一些朴素的接地气的方法论了。

　　第一个问题：什么时候修改？ 是边写边改还是写完初稿

之后集中修改？这是一个写作者经常会遇到而又没有统一答案的问题，原因就在于不同的人有不同的习惯。习惯与习惯之间往往没有对错之分，只有优劣之别。我个人的经验是：修改文章的最佳时间是在写完初稿之后，而不是边写边改。这样做的好处是，写的时候我们放下包袱，只需专心表达。写完之后，再拿出专门的时间修改，这样既能保证写作时的思路不被打断，也能提高修改的效率和质量。如果边写边改，则可能导致我们的思路在作者和读者两种思维中不断切换，影响写作的速度。

第二个问题：修改时遇到困难怎么办？比如，暂时不知道某个句子和段落是删了好还是保留好，这该怎么办？我给出的建议是：先跳过。拿不准的地方，你暂且跳过，先去修改其他部分，等把其他部分改好之后，再回过头来斟酌。通常，在你修改完其他部分之后，你对全篇文章有了良好的把握，此时，再回来看曾经拿不准的地方，问题往往就迎刃而解了。

第三个问题：修改文章有没有可供参考操作的步骤？答案：有。可参照我下面列出的清单执行——

1. 读。文章写完之后读两遍，在读的过程中就会发现需要修改的地方。鲁迅先生曾说："写完之后至少读两遍，竭力将可有可无的字、词、句、段删去，毫不可惜。"通过阅读，

153

删掉"可有可无的字、词、句、段",可以改掉啰唆的毛病,使文章成功"瘦身"。另外,通过阅读,我们也宜于把一个长句改成若干个短句,把一个复杂的句式改成若干个简单的句式。这不是说长句和复杂句式就是错误的,而是说长句和复杂句式不利于读者的阅读、理解和传播。试想,一篇由太多长句、复杂句式堆砌而成的文章,怎么能让人读起来有朗朗上口的感觉?又怎么能达到"入耳走心"的传播效果呢?

2. 推敲标题。这时,我们需要问的是:现在这个标题合适吗?能否改得更吸引人?一个有趣的标题往往可以引起读者的阅读兴趣,所以它绝对值得你花心思和时间进行推敲。这一点,在今天这个网络化阅读的时代显得尤其重要。在纸质阅读的年代,标题和文章的内文是不分离的。人们在报纸或杂志上看到文章的标题,紧接着就能看到文章的开头,然后就顺着看下去了。可是在网络阅读的今天,人们的阅读习惯正在发生改变。大家在电脑和手机上看文章,首先看到的是标题。标题吸引了你,你才会点开网页看内文;如果文章的标题不能吸引你,那么你可能压根就不做点击这个动作了。技术手段的升级倒逼写作者在起标题上更加用心。在写公众号的自媒体作者中有一句行话,叫"标题决定点击率,内容决定转发率"。这实在是一句非常精辟的总结,充分说明了文章标题的重要性。

3. **开头与结尾**。开头与结尾的重要性不言而喻，我们修改时要考虑：开头吸引人吗？结尾还可改得更好吗？它们与文章的整个结构是否协调？等等。

4. **描写**。如果你的文章中有描写的部分，那就要思考一下：描写是否有足够的现场感？还能不能再增强描写的生动性？描写部分与前后文的关系是否浑然天成？

5. **对话**。如果你写了对话，那就请想想：人物说的话与他的身份是否相符？对话是否彰显了人物的性格特征？对话是否推动了故事的推进？

6. **段落**。请注意：段落与段落之间的衔接是否顺畅、自然？是否可以改得更好？如果发现两个段落之间无法连起来，那么不妨加一个缓冲段落。

7. **修辞手法**。文章中使用了修辞的地方，往往就是出彩的地方。我们修改文章时需要考虑的是：能否让它更出彩？如果能让出彩的地方更出彩，那可能就意味着我们会写出直击心灵的金句。读者读到特别出彩的文字，获得的是极大的精神满足和心理愉悦。这种极致的写作体验和阅读体验虽然不能经常遇到，但一旦碰到了，就会留下深刻的印象，让人获得极大的欣慰感和满足感。这是写作赋予作者和读者的精神奖赏，所以，它同样值得作者去用心经营。

关于修改文章的底层逻辑和修改清单，我就与大家分享这么多。最后要说的是，写作是一种实践性极强的能力。写作的道理和技巧，说出来未见得多么高深，但要真正做到则绝非易事。有一句话说得好："知道那么多的道理，依然过不好人生。"这话道出了一个非常残酷的事实：很多人过得不好，最核心的原因不是他知道的道理少，而是他的执行力差，无法将"知道"的道理践行下去。

道理光"知道"是远远不够的，还要"做到"。"知道"仅仅是学习的起点，"做到"才是我们努力的方向。人生如此，写作亦如此。愿你我共勉。

行动建议：按修改清单改文章

找出你以前写过的一篇文章，然后对照本文列出的操作清单修改一遍。经过仔细修改，你是否发现文章比以前增色不少？以后写文章，都按照这个清单用心修改，你的写作能力一定会因为重视修改而大大提升。

与虚拟读者同行

好作家的书写从来都是有对象感的——即便在独自书写之际，他
的头脑中也存在着想象中的读者。虽然房间内只有一个人，但他
知道自己不是一个人在战斗；虽然还没有与读者面对面，但他也
能大致想象得出他们的样子——这个读者的原型或是老家的表
姐，或是身边的某位朋友，或是一位与自己交流过想法的官员，
或是某次演讲会上向自己提问的公司白领，或是自己教过的某个
学生……

——　　　主题词

　　"用户思维"是一个商业名词，核心的意思就是"以用
户为中心"，充分考虑用户的需求，提供有针对性的产品和
服务。

　　用户思维对写作同样重要。写作是作者与读者之间的一
种沟通，而实现高效沟通的第一要务就是懂得换位思考，能
替对方考虑，让对方有获得感和愉悦感。这首先要求作者心
中要有读者，且愿意与读者真心交流。

　　作者除了心怀真诚外，还要有意训练自己的"分身"功
夫——他既是作者，同时也是读者，合二为一。作者和读者
是两种身份，作者的主要工作是表达，是向外输出信息；读
者的主要任务是阅读，是接受信息。文章虽然是作者写出的，
但要实现沟通顺畅的目的，就理应考虑读者的接受能力和阅
读体验。一篇好文章，在某种程度上说就是作者和读者交流

157

效果最佳的产物——它既充分地表达了作者的所思所想，又能给读者以良好的阅读体验。

那么，该如何在写作中贯彻用户思维呢？我们不妨从具体的例子说起。

第一个例子是汪伦写给李白的邀请信。大家都知道李白写过一首非常有名的诗《赠汪伦》。这首脍炙人口的诗歌背后，有一段有趣的故事。汪伦是唐朝徽州黟县人，后来迁居徽州泾县桃花潭畔。他很有钱，算是当地的一个"土豪"。他有文化情怀，愿意结交文化名人。可是，汪伦的财富水平远远达不到让自己名闻天下的程度。换言之，他只能算是徽州泾县的利税大户，跟大唐财富排行榜上的富豪还是没法比的。这样的一个人，他怎么能和大诗人李白成了朋友呢？在玄宗朝，李白已是名满天下的诗人了，他又为什么会跑到徽州泾县去与汪伦把酒言欢呢？起因是汪伦写给李白的一封信。

话说李白被唐玄宗"赐金放还"之后，离开朝廷，到徽州宣城（今天的安徽宣城）去看望叔父李冰阳。宣城和泾县相隔不远，于是，汪伦就写信邀请李白来泾县做客。他在信中说："先生好游乎？此处有十里桃花。先生好饮乎？此处有一万酒家。"

李白一看有十里桃花，有一万家酒店，就欣然前往。可到了泾县之后就傻了眼，说好的十里桃花呢？说好的万家酒店呢？全没有。你个汪伦，彻彻底底就是大忽悠呀！

　　汪伦跟李白解释："桃花者，十里外潭水名也，并无十里桃花。一万酒家者，开酒店主人姓万，并非有一万酒家。"意思是，我是忽悠了你，但忽悠得有说道。然后，汪伦就盛情款待了李白，好吃好喝好招待。数日之后，汪伦又在李白要离开前送了一大笔盘缠：有金银，有丝绸，还有骏马。然后他跟李白话别，说您离开的那天，我正好生意上有点事，就不能到码头为您送行了，请您收下这份薄礼……

　　李白一看，这份薄礼十分厚重，便谢过，收下了。

　　离开泾县的那天，李白去桃花潭渡口坐船。就在李白即将乘船离开的时候，突然听到岸上有人踏着节拍唱歌——原来是汪伦带着自己的"员工"来为自己送别了。

　　李白心想：汪伦这哥们儿，做事就是不落俗套。常人送别大多是依依不舍、满心感伤的，而汪伦却踏歌相送。他就是希望我高高兴兴地来、高高兴兴地走呀！再联想起汪伦邀请自己、招待自己、赠厚礼于己的种种情景，李白遂心生感动，愈发觉得汪伦是个重情重义之人。于是，他大笔一挥，写下了《赠汪伦》一诗——

　　李白乘舟将欲行，
　　忽闻岸上踏歌声。

桃花潭水深千尺，

不及汪伦送我情。

　　李白的这首诗写得好，这是举世公认的，在此不多赘述。我这里要讲的是汪伦的用户思维。你看，汪伦知道李白喜欢旅游，就说这里有"十里桃花"；知道李白喜欢喝酒，就说这里有"一万酒家"。这绝对是针对用户偏好的"精准打击"。正因为汪伦特别了解李白，所以才能把李白"忽悠"来。见到李白之后，汪伦先做解释，然后盛情款待；款待之后送厚礼，离别之际再"踏歌相送"。整个一套操作下来，给了李白极特殊的情感体验。

　　我们猜测，李白此次泾县之行的情感体验大体应该是这样的：接到汪伦的邀请信，听说那里有"十里桃花"和"一万酒家"，满怀期待，乘兴而来；待到实地一看，不见桃花，酒家也只一家，非常失望；汪伦一番解释，李白可能觉得这哥们儿还挺会"忽悠"，那就"既来之，则安之"吧；等汪伦盛情款待，李白在交往中就觉得这哥们儿还不错；再等汪伦送了一份厚礼，李白便知汪伦是真心想与自己交朋友；离别之际，汪伦在桃花潭"踏歌相送"，更是给了李白一份别样的感动。可以说，正是这番独特的旅游经历和情感体验，才激发出了李白的写作灵感，让他写下了千古传诵的《赠汪伦》。不得不说，诗是李白写的，但汪伦对此诗的诞生亦有贡献。

顺便说一句，2019年夏天，我曾在桃花潭给一个研学团队讲过《赠汪伦》这首诗。当站在汪伦送别李白的渡口，望着眼前静静流淌的江水，人们再细细品味这首唐诗，那真的是"别有一番滋味在心头"。古人留下的璀璨文化，都是已经完成并经过历史严格筛选的优秀成果。我们仅仅简单地接受这些成果是不够的，我们还应该深入地了解古人是在什么情况、什么心境之下创造出这些成果的。这种"文化生成学"的思维或许会对我们的写作活动更有帮助。汪伦写给李白的邀请信，堪称在写作中践行"用户思维"的典范。我觉得，人们在学习、背诵李白的《赠汪伦》时，也应该顺带了解汪伦的这封邀请函，学学他的"用户思维"。

读到这里，有的读者可能会问，你举的例子，是"一对一"的。一个真正的作家，他写出的作品往往是要让广大读者阅读的。"广大读者"不是一个人，而是"一群人"。在"一对一"写作中使用的用户思维，会不会在"一对多"的写作中失效？

回答是：二者在形式上确实有差别，但这并不意味着用户思维会在"一对多"写作中失效。恰恰相反，若要在"一对多"的写作中取得好的效果，最便捷的做法就是通过想象，把"一对多"的问题转换成"一对一"的问题。

比如，你是一位中学校长，两天后要在学校广场上对一千多名学生家长做演讲。听众一多，场面一大，很多人在写演讲稿时就容易"失焦"——对着这么多的人，不知道该说些什么为好。于是，有人就采用保守策略，说一些放之四海而皆准的套话。说套话当然不大会犯错误，但是缺少针对性，不能让受众产生共鸣。

那到底该怎么办呢？其实很简单，你不妨从这上千名家长中选几名跟你比较熟悉的，你的头脑中有他们的音容笑貌，你知道他们的所思所想，你也知道他们的期许和焦虑。你不妨以几名家长为原型，通过"合并同类项"的方法将他们想象成一名家长——他的身上汇集了绝大多数家长的共性。然后，你就以这一位家长为"虚拟听众"来准备演讲稿和做演讲。这种办法不仅能让你迅速消除焦虑和紧张情绪，而且还能使你的演讲更具针对性。

演讲如此，写作亦如此。表面看来，作家的日常活动就是坐在书桌前不断地书写，他们是孤独的表达者。可实质上，好作家的书写从来都是有对象感的——即便在独自书写之际，他的头脑中也存在着想象中的读者。虽然房间内只有一个人，但他知道自己不是一个人在战斗；虽然还没有与读者面对面，但他也能大致想象得出他们的样子——这个读者的原型或是老家的表姐，或是身边的某位朋友，或是一位与自己交流过想法的官员，或是某次演讲会上向自己提问的公司白领，或是自己教过的某个学生……总之，写作中的用户思维不能仅仅是一种说法，而是意味着作者的头脑中要真切地拥有"虚拟读者"——这个"虚拟读者"可以是真实的某个人，也可以是虚构出来的某一类人。

能在头脑中构建出"虚拟读者"，我们的文章往往就能写得比较生动，比如，你写辩论稿的时候，就假想有一个对手需要被你说服，你要跟他辩论；写恋爱的文章，你就假设是写给自己的爱人，这样一来，你的文字往往就能写到读者的心坎上。

作家的头脑中有了"虚拟读者"，那他笔下的文字也会有了更强的针对性。这方面我可以讲自己的例子。我也不是一开始写作就有用户思维的，而是经历了一个漫长的体悟过程。我刚开始写历史普及读物的时候，就是想把自己知道的历史分享给他人，根本没有清晰的读者定位，更没有所谓的"用户思维"——只是懵懵懂懂、莽莽撞撞地写，自己对什么感兴趣就写什么，所以，我最初写的几本书都很小众，比如写近代新闻史的《新闻往事》，写近代西洋来华传教士的《昨夜西风》等。这类特别小众的图书，也有价值，但绝不会引起广大读者的关注。

我真正悟出写作要有"用户思维"，是 2014 年写作《春秋范儿》的时候。这个时期，我在现实生活中接触到了一些读者，通过与他们的接触、交流，我隐隐约约地"摸到"了他们的某种文化需求，也感知到了他们了解历史文化的热切心情和存在的某些误解。然后，我就尝试用今人更容易理解的话语方式来讲述中国历史。

　　《春秋范儿》出版之后，获得了 2015 年全国优秀古籍图书普及奖，社会反馈也比我以前写的那些书好了不少。更关键的是，在这本书出版之后，我做了好多历史文化讲座。每次讲座，几乎都有人现场提问。我在与听众的一次次互动中，愈发清晰地认识到了"用户思维"的重要性，也逐渐积累了一些做文化普及的经验。

　　到了写《极简中国史》的时候，我就更加注意践行"用户思维"了。《极简中国史》可以说是我为"虚拟读者"量身定制的一部中国通史。我知道有这么一批人，他们想系统地了解中国历史，但他们又没有那么多的时间读"二十四史"或者《剑桥中国史》系列丛书。他们的文化需求是：希望有个靠谱的人，把有关中国历史的重要书籍都读了，然后再把其中的干货提炼出来，并用今人熟悉的话语来讲。

　　我想，自己能不能做他们心中的那个靠谱之人呢？司马迁曾说："小子何敢让焉？"写一本中国通史，对我来说既是诱惑又是挑战。既然经不住诱惑，那剩下的就只能是接受挑战了。于是，我动用自己二十多年来的读史积累，用了四个月的时间写出了这本书。这本书获得了 2017 年全国优秀古籍图书普及奖，后来，版权输出了英语、俄语、阿语、哈萨克语、西班牙语等语种。2020 年，三联书店（香港）有限公司出版这本书的繁体字版。这本书之所以成为我写过的十几本书中最畅销的一本，原因有很多，我想，其中就应该包含这一条：我在写这本书时自觉地践行了用户思维。

一篇好文章或者一本好书，从来就不是作者一个人完成的，而一定是作者和读者合力完成的。一篇应试作文，绝不是考生自己认为写得好就算好，那得阅卷老师说好才算数；一篇毕业论文，也不能毕业生自己说优秀就优秀，那得参与论文答辩的各位老师认为优秀才算数。同理，一部小说或一本畅销书，也绝不是作家自己认为好就算好，得读者叫好才算数。既然如此，那作者还有什么理由不把读者放在心中呢？

史蒂芬·柯维曾说："我们做任何事情都是先在头脑中构思，即智力上的第一次创造，然后付诸实践，即体力上的第二次创造。"好的作者其实就是成功找到了自己读者的人，而这个找寻的过程也要经过"两次创造"——先以用户思维在头脑中创建一个"虚拟读者"，然后再通过为这个"虚拟读

165

者"写作而找到真实的广大读者。

对写作来说，"虚拟读者"是作家用文字与之交流的对象。他们是"虚拟"的，但同时也是真实的。最初只存在于作家头脑中的"虚拟读者"，日后就是真实生活中的一个个鲜活的人。他们是作家文字的阅读者，他们是作家心灵低语时的倾听者，他们是作家持续写作的推动者。他们不只是作家的用户，他们还是作家的合作者——他们在还没有现出真身之时就以虚拟的模样活在了作家的心中，待他们读了作家的文字之后，一部作品才算最终完成。他们是作品的评审委员会，他们是作家的灵魂舞伴。作家理应与他们不离不弃，一路同行。

你的洞察在哪里

所谓的洞察力，就是"把熟悉的事物陌生化的能力，把句号变成问号的能力，把'此时此刻'和无数'它时它刻'联系起来的能力。"

—— 　　　主题词

"世事洞明皆学问，人情练达即文章"，学问也好，文章也罢，说到底都是对世间万物、人生百态的种种洞察。洞察，英文是 insight，在中国文人的笔下，它也被称作"洞见"。冯友兰先生将魏晋风度的内涵概括为玄心、洞见、妙赏、深情四项。在我看来，这四项也是一名优秀作家所应该具备的精神特质。今天，先说洞见。

什么是洞察？洞察是"洞悉事物原委的观察"。我的理解，就是一种透过现象看本质的观察能力。再往细处说，达成洞见有两个层次：其一，要有观察这个动作，这是搜集信息必不可少的一环；其二，观察之后还要善于思考，能从众多芜杂的信息中提炼、总结出某种规律性的认知。

不妨先看广告创意者东东枪讲过的一则实例。好多年以前，香港的一家广告公司要帮助客户推销一个房地产项目。那是一个靠海的、比较贵的高端别墅小区。这个楼盘，只有成功人士才能买得起，来看房的也往往是那些年纪稍大、有一定社会地位的人。可是，成功人士一般也不会买这个房子，一来是靠海的别墅比较贵，二来是人家原来住的房子也不错，

167

没必要再花很多钱去买一个海边的房子。事情就此陷入到了困局之中。

后来，广告公司派团队去实地调查。调查中发现对这个海边别墅感兴趣的人中，绝大部分人都有孩子。这件事让他们找到了一个创意，根据这个创意拍出了这样的一个广告片：几个小孩子在海边嬉戏，拿着挖沙子的工具跟父母一起玩耍，然后回到海边别墅的家中。配合画面的广告词是："孩子的童年十分短暂，所以不能什么事都等以后再说。"

这个广告就展现了很好的洞察力，它戳中很多父母的心。你的孩子很快就长大了，你想五年之后再买房子吗？对不起，那时你孩子的整个童年就一去不复返了。如果你想给孩子一个有海风、有沙滩、有绿树、有海鸥的童年，那现在就得"出手"。

这种洞察其实是对人们某种微妙心态的觉察与把握。身为作者，你只要说准了某一类人的某种心态，那么你就会获得读者的心理共鸣，就会有读者喜欢你。学习这一类洞察最便捷的方式就是注意一些脍炙人口的歌词。大凡广为传唱的歌曲，歌词里几乎总有击中人心的一两句话。这一两句话，是大家"心中有而笔下无"的——人们心中早有这种想法或感受，但是没能用精准的语言表达出来，现在歌词作者把它点破了。人们于是恍然大悟：啊，这歌真唱到了我的心坎上！

好歌要有洞察，好诗、好文也要有洞察。而且，好的洞察还具有穿越时空的力量，能让不同时代、不同国度、不同经历的人都产生共鸣。唐诗中就有许多这样的名句，"今人不见古时月，今月曾经照古人"，一语道破了日月永恒与人生苦短之间的千古无奈，这是一种好的洞察；"会当凌绝顶，一览众山小"，说出的是人们心中千年不变的壮志豪情，这是一种好的洞察；"行到水穷处，坐看云起时"，道出的是心智模式自由切换的潇洒、自在：即便走到了山穷水尽的地步，依然有坐下来看云卷云舒的从容与淡定，这是一种好的洞察。

洞察有大小，小的洞察是你发现了常人容易忽略的某一生活现象，比如，加西亚·马尔克斯说："一个人意识到自己开始变老，是源于他发现自己长得像父亲了。"这种现象其实早已存在，可是大部分人都没意识到。读到了马尔克斯的这句话之后，很多人才恍然大悟：啊，确实这样。

要获得好的洞察力，往往需要长期的经验积累，比如，在印度尼西亚，上了年纪的布吉人（东南亚印度尼西亚民族之一）船长非常厉害，他们即使在甲板上沉睡，只要航向、天气、水流三个因素中的任意一个发生了变化，老船长立刻就能醒来。当海浪的大小发生改变，老船长也马上能从船的摇摆中感受到。老船长的这种洞察，我们姑且称之为职业洞察。

169

保险界的从业者在长期的实践中发现：推销儿童意外险，向孩子的父母推销，其成功率远远低于向孩子的爷爷奶奶、姥姥姥爷推销。原因何在？公认的解释是：并不是爷爷奶奶、姥姥姥爷比父母更爱小孩子，而是爷爷奶奶、姥姥姥爷的心里有一个隐秘的担忧：自己可能看不到孙子（外孙）、孙女（外孙女）长大、成家立业了。他们担心自己的寿命不够长，于是就把这种担心外化为更愿意为孙子（外孙）、孙女（外孙女）买保险。这样的洞察，若不是前人有了总结，绝大多数人是不容易察觉到的，因为它潜藏在人性的深邃处。

　　职业洞察往往能催生出好的方法论。莫言说："我把好人当坏人写，把坏人当好人写，把自己当罪人写。"这是他的创作洞察。很长一段时间，我国的文学作品中存在一种现象，就是塑造的人物太泾渭分明了，一派是"正面人物"，一派是"反面人物"。正面人物是正义的化身，而反面人物则是邪恶的代名词。这种塑造人物的方法过于简单，限制了作家的想象力和创造力。针对这种情况，莫言在写小说的时候就有意拒绝简单化叙事，写"好人"的时候也要写出他身上的"坏"，写"坏人"的时候也要写出他身上的"好"，这样就极大地拓展了文学形象的复杂性与深刻性。而"把自己当罪人写"则意味着作家自己放低姿态，杜绝高高在上、指点江山的说教气，回归"讲故事的人"的本分。

如果说对生活现象的洞察是小洞察，对职业技能的洞察是中洞察的话，那么，对社会规律的洞察就是大洞察了，比如，传播学中有一种"弱传播"理论，它说的是：现实生活中的弱者在舆论世界里反而会成为强者；很多现实生活中不重要的事，在公众舆论里反而会掀起轩然大波。这就是一种理论洞察，它敏锐地指出了舆论世界与现实世界的差异：舆论世界在很多时候是一个虚拟的世界。在这个虚拟的话语体系中，弱者优势，强者劣势，情感强势，理性弱势。

将洞察分为大小，只是为了行文方便，不是为了比较优劣。好的洞察千姿百态，就像世间的花朵，各有各的迷人之处，不过，不论怎样的洞察，其底层逻辑都是一样的：好的洞察都是充分动用智力的产物，体现的正是作者最核心的创新能力。

创新能力由两部分构成，一部分是个人天赋，一部分是后天努力。个人天赋的部分，我们无法左右，放下不说，这里只说后天努力。其实，要提高创新能力，也是有方法可以遵循的。对个人来说，创新需要全面发动自己的身体器官，用眼睛看，用耳朵听，用嘴问，用头脑想，动手去干。强化观察、发问、联想、交流和实验这五个方面，就能够提升创新能力。也就是说，训练洞察不能"就事论事"，必须善于联想和想象，不断地突破思维的边界。对此，著名社会学家刘瑜说，所谓的洞察力，就是"把熟悉的事物陌生化的能力，把句号变成问号的能力，把'此时此刻'和无数'它时它刻'联系起来的能力。"

人在社会中生活，需要做出种种行为。行为需要动机，动机需要洞察。"文学是人学"，作家不仅要观察人在社会中的行为，还要洞察到行为背后的动机。从这个意义上说，曹雪芹所言"世事洞明皆学问，人情练达即文章"堪称写作者的洞察箴言。要写出好的文章，不仅事关语言文字，而且事关社会学和心理学，因此，优秀的作家绝不能只想着遣词造句那点事，还应该深切地关注大千世界的林林总总，比如潮起潮落和花开花谢，比如世间百态和人心冷暖。

普及文章的难点与突破

要想写好普及文章（或做好其他形式的普及工作），专业人士就
要拥有将专业知识转化到生活场景中的能力，而这种能力本身也
是知识的重要组成部分。

—— 主题词

  一个人在专业领域取得一定成就之后，可能就要向公众
做普及工作了：优秀的医生要写文章普及养生知识和医学原
理；财经专家要写专栏文章，教大家如何理财；文史学者要
上《百家讲坛》和《诗词大会》，透过电视屏幕向公众普及
历史文化和诗词歌赋的知识；天文学家也要写科普文章，向
公众讲述恒星、行星以及宇宙大爆炸的故事，为的是让人们
在奔忙之余能仰望星空，以浩渺无垠的宇宙和光年的刻度纾
解一下现实的逼仄与焦虑。

  那么，普及文章好写吗？普及工作好做吗？

  很多人的直觉回答是：那还不容易吗？一个内行的专
家给外行的普通人普及自己擅长领域的知识，那还不易如反
掌？

  实际情况是这样的吗？显然不是。

  一位科普作家曾说，他现场听过很多科普讲座，多数情
况是这样的：讲座者打开电脑，调出一份陈旧的PPT，然后就
给现场听众做科普讲座。他们会根据讲座要求的时间，节选
PPT中的几页来讲。他们所讲的内容当然是严谨、准确的科学

173

知识，但是他们的讲述根本不吸引人，他们也不考虑听众的感受。整个PPT，可能他十年前就写好了，并且这辈子都不打算改动一个字。这样的科普讲座，可用一句话概括：科技工作者在讲述他们认为最精确的那部分科学知识。

这样的科普工作能算成功的吗？不能。

那么，问题出在哪里呢？难道是科技工作者不够敬业吗？科技人员不是都很敬业、很认真的吗？他们在科研上都取得过骄人的成就，为何却在科普上表现欠佳？

我想用一个心理学上的术语来解释这种现象，这个术语就是"知识诅咒"。

什么是知识诅咒？可用两句话来表述，第一句：你难以想象你所知道的事情在不知道这件事的人看来是什么样子；第二句：你对一门专业知道得越多，就越容易忘记它当初学起来有多难。

一些有造诣的专家之所以做不好普及工作，很大的原因就在于他没有意识到公众并不熟悉他们业内的行话，也不知道他所掌握的知识，不能领悟他觉得异常简单而忽略掉的那些推导步骤。他做不到换位思考，不了解受众，只从自己的角度出发去写普及文章或做普及讲座。没有"换位思考"，就没有良好的互动；没有良好的互动，知识普及当然就要大打折扣。

"知识诅咒"是一种很好的提醒。它提醒专家学者，一个合格的专业人士，不仅要有专业知识，还要懂得如何将专业知识"翻译"成普通人听得懂的语言。换言之，要想写好普及文章（或做好其他形式的普及工作），专业人士就要拥有将专业知识转化到生活场景中的能力，而这种能力本身也是知识的重要组成部分。

我们可以通过例子来理解如何"将专业知识转化到生活场景中"。中国外科医学泰斗裘法祖先生借渡河这个生活场景来讲医患关系。他说，治疗就像渡河，此岸是病痛，彼岸是健康，医生和患者都以彼岸为目标。治疗的过程，就是医生背着患者过河。渡河只能制定一个大概的路线，过程中是否会遇到暗流，是否能顺利到达彼岸，谁都不知道。

你看，医生背着患者渡河这个比喻，有画面感，又特别深刻地揭示出了医患关系的实质：二者是合作关系，同盟关系。这就是善于"将专业知识转化到生活场景中"的做法。

普及文章之所以难写，还在于它要求专家学者要练就两套写作风格，一种是写学术论文，一种是写普及文章。写学术论文，默认的设定是：读者已经知道了这个领域内的绝大部分专业知识，也了解这个领域的发展历史和现状，所以，写学术论文不用做过多的介绍、解释，直接写最新的学术发现即可。

可是，普及文章不能这样。写普及文章的默认设定是：读者不了解这个领域内的绝大部分知识，他们不了解这个领域的过去、现在，当然更不能预测这个专业未来的发展方向，甚至，公众对这个专业的好多认知还是想当然的、似是而非的。正因如此，专家才需要写普及文章矫正他们的认知偏差，传播正确的理念和知识。

可见，学术论文和普及文章在写作目的的设定上就完全不一样，前者追求高深，后者追求通俗，造成这种差异的根本原因是面对的读者不同。学术论文的读者是专业同行，而普及文章的读者是社会大众。一般的学者写惯了学术论文，整个思维模式和写作风格也适应了写学术论文。这个时候，再突然转向普及文章的写作，他们中的很多人就"切换"不过来。这也是不少成果斐然的专家写不好普及文章的一个原因。

我写过十几本文史普及读物，也算积累了一点写普及文章的小经验。我写普及文章的心法是：千万不能低估读者的智商，也千万不能高估读者的专业知识。

不低估读者的智商，意味着我们必须以真诚的态度去写作，写出的都应该是干货，不能兑水，更不能忽悠读者。读者虽然在专业领域内的知识不如作者多，但是他们都是有判断力的人。作者写的东西好不好，他们凭常识就能分辨出来。

这就像听歌曲,歌手开口一唱,听众就能判断出他唱得是好还是坏。听众不需要上音乐学院,也不需要学乐理和演唱技巧,他们只要有正常的听力,靠常识就能分辨得出谁唱得好谁唱得差。

大家的智商都差不多,但是由于所学专业不同,不同专业之间的人往往是"隔行如隔山"——专业人士眼中的基本常识在非专业人士看来往往是难以理解的"大学问",所以,在写普及文章的时候,我们绝不能高估读者的专业知识。意识到这一点有什么用处呢?其一,在写普及文章的时候,要尽量少用专业名词、专业术语和专业公式,这些专业人士用起来得心应手的工具对普通读者来说都是阅读障碍。如果不得不用,那就尽可能地加以解释,让读者有清晰的理解。解释的办法是包括打合乎逻辑的比方、做合理的延伸、还原某种生活情景等。我们不妨看看下面两个例子——

1.空中客车A380,每一个发动机的推力都是310千牛(千牛顿)。

2.对某某的指控是二级谋杀。

这两种表述方式很常见,没有错误,意思也说清楚了。如果写的是学术论文,那这种表述同行之间也能看得懂。可若是普及读物，读者读到这样的句子就不容易理解。第一个句子中的"千牛"到底是什么？"310千牛"到底是多大的力量？读者完全没概念。第二个句子中，"二级谋杀"是法学的专有名词。普通人连"一级谋杀"都搞不懂，遑论"二级谋杀"？所以也应该用通俗易懂的语言加以解释。

我们再看修改之后的句子——

1. 空中客车A380每个发动机的推力大约相当于500个壮汉拔河时的力量。

2. 对某某的指控是二级谋杀。所谓二级谋杀，是指非蓄谋的谋杀，比如突然见财起意，把受害人杀了。相对应的是一级谋杀，它是指事先谋划好的谋杀。比如一个人拿着斧头去砍情敌，为了怕对方跑掉，还专门安排了两个帮手堵住前后门。

修改之后，第一个句子删掉了专有名词"千牛"，直接把"310千牛"换算成了"500个壮汉拔河时的力量"。这个类比极具画面感，一下子就让读者明白了力量到底有多大。虽然这种换算不一定完全精准，但是它的表达效果远远强于无比精准的"310千牛"。修改后的第二个句子，详细地解释了什么是"二级谋杀"，解释的过程还举出了两个例子，一个是"见财起意，杀了受害人"，一个是"策划好了之后去杀情敌"。 这两个例子的功用就是尽量把专业术语转化成生活场景，以方便读者的理解。

写普及文章，相当于专业人士面对公众发言。面对公众发言要取得较好的效果，最重要的一点就是懂得"换位思考"。普及文章写得好不好，不是看作者"灌输"给了读者多少知识，而是看讲述的方式是否恰当。中文中有个成语叫"深入浅出"，这便是写普及文章的最佳状态——作者自己对专业问题有深入研究，写出的普及文章还能通俗易懂，让外行人都能看明白。

所有的表达者都曾是倾听者，所有的作者都曾是读者。作为倾听者，没有人喜欢台上说话的人满口空话套话；作为读者，也没有人喜欢读自己根本看不懂的书。所以，写普及文章一定要放低身段，摆脱官腔和学术腔，用公众听得懂、喜欢听的语言去写作。

比如，"全球化"究竟是什么？哥伦比亚大学教授巴格沃蒂用"戴安娜王妃之死"来解释，他说——

一个英国的王妃，带着埃及的男友，在法国的一条隧道里撞车，开的是一辆德国车，安装着荷兰的发动机。司机是一个比利时人，喝多了苏格兰的威士忌。追赶他们的是意大利的狗仔队，骑着日本的摩托车。为她治疗的是一位美国医生，用的是巴西的药品。这个消息是一个加拿大人传出的，使用的是比尔·盖茨的技术。而你可能正在一台电脑上阅读这个消息，这台电脑用的是中国台湾造的芯片、韩国产的显示器，由一个印度的卡车司机运输，被一些印尼人截获，由硅谷的码头工人卸货，然后由一个墨西哥非法移民运送给你……我的朋友，这就是全球化。

若用学术论文来解释全球化，大多数人可能会搞不懂学者使用的专业术语。可巴格沃蒂用戴安娜王妃之死来解释全球化，异常形象，人们一下子就明白了。

如果能在让大众读得懂的同时还写得有哲思、有诗意，给人留下过目难忘的印象，那绝对需要极高的学术功力和写作功力。理查德·道金斯就是这样的人，他是英国皇家科学院院士、生物学家，同时还是一位享誉全球的科普作家。理查德·道金斯的主要著作有《自私的基因》《伊甸园之河》《地球上最伟大的表演：演化的证据》《解析彩虹》等十余部。他在《解析彩虹》中有一段讲 DNA 组合的文字，堪称经典——

我们都会死，因此都是幸运儿。绝大多数人永远不会死，因为他们从未出生。那些本有可能取代我的位置，但事实上从未见过天日的人，数量多过阿拉伯的沙粒。那些从未出生的魂灵中，定然有超越济慈的诗人、比牛顿更卓越的科学家。DNA 组合所允许的人类之数，远远超过曾经活过的所有人数。你和我，尽管如此平凡，但仍从这概率低得令人眩晕的命运利齿下逃脱，来到世间。

在这不足二百字的段落里，作者用诗性的语言将生物学、哲学、文学等不同学科的精彩之处融合在了一起，极有震撼力。"我们都会死，因此都是幸运儿。"第一句话就挑战人们的固有认知。在绝大多数人的心里，"死"是一件不幸的事，但他却说死让我们"是幸运儿"。接着第二句、第三句加以解释："绝大多数人永远不会死，因为他们从未出生。那些本有可能取代我的位置，但事实上从未见过天日的人，数量多过阿拉伯的沙粒。"注意，作者在这里用了"阿拉伯的沙粒"这种非常有画面感的文学性表述，而不是简单地说"多得数不清"。从表达效果上看，"多得数不清"比较普通，不易给读者留下深刻印象，而"多过阿拉伯的沙粒"则能让人的脑海中浮现出阿拉伯沙漠的画面，给人以强烈的刺激。再接下来的一句，作者列出了大诗人济慈和大科学家牛顿的名字，为的是给读者以足够的震撼。随后的一句，才是作者普及给读者的最核心知识："DNA 组合所允许的人类之数，远远超过曾经活过的所有人数。"知道这个知识有什么用？它跟普通读者有何关联？最后一句就是要让所讲的知识与读者产生强烈关联，"你和我，尽管如此平凡，但仍从这概率低得令人眩晕的命运利齿下逃脱，来到世间。"原来，我们能生能死均是无比幸运之事，而这竟与 DNA 组合密切相关。

这段科普文字有着非常强的溢出效应，它除了告诉人们 DNA 组合的知识外，还引发人们思考生死、命运等人生问题，特别"走心"。能写出"走心"文字的人，必是人生的赢家；能把文字写得如此"走心"的人，绝对是顶尖高手。

行动建议：试着把专业术语转化到生活场景中

1. 搜索高速铁路的优势，网站上一般会给出以下几点：（1）速度快。时速 300 千米以上的高速铁路采用的是无砟轨道，就是没有石子的整体式道床来保证平顺性；（2）安全性高。高速铁路由于在全封闭环境中自动化运行，又有一系列完善的安全保障系统，所以其安全程度是任何交通工具无法比拟的。（3）舒适方便。高速铁路运行非常平稳，座席宽敞舒适，减震、隔音效果好。乘坐高速列车旅行几乎无不便之感，无异于愉快的享受。请把高铁的这几点优势用生活化、画面感的语言表述出来。

2.物理学上对能量守恒定律是这样表述的："能量既不会凭空产生，也不会凭空消失，它只会从一种形式转化为另一种形式，或者从一个物体转移到其他物体，而能量的总量保持不变。"请把这种表述转化为生活场景，并用通俗易懂的语言加以解释。

讲故事要解决的七个问题

主题词 ——— 故事是对变化过程的选择性叙述，强调局面与事件之间的因果关系。

——（英）赫克托·麦克唐纳

早在原始社会，人类就通过讲故事建立人与人之间的连接。他们白天打猎，夜晚就回到部落据点，围坐在篝火旁，边吃烤肉边讲述白天打猎的经过。在诉说与倾听之间，人与人之间的关系变得日益紧密。

如果哪一个人的本领特别强，那他就有可能一次又一次地成为故事的主角。如果他的故事足够精彩，就会被一次又一次地讲述；如果一代人讲完之后，下一代还继续讲述他的故事，那这个人就可能被奉为部落的英雄。而倾听同一个英雄故事的人们，也更容易成为观念一致、荣辱与共的"我们"——故事是人与人之间建立连接的产物，它反过来也强化了这种连接。

既然故事如此重要，那么，我们就得先来了解一下故事的本质。英国作家赫克托·麦克唐纳在《后真相时代》一书中给故事下了这样一个定义，他说："故事是对变化过程的选择性叙述，强调局面与事件之间的因果关系。"从这个定义我们可以看出，一个好的故事要具备三个要素：第一是因果关系，这是故事发展的逻辑所在。

现实生活中，一个事件与另一个事件之间，有时有因果关系，有时没有因果关系，但是，我们写小说、写剧本的时候，故事中的事件就必须要建立因果关系。没有因果关系，整个故事也就没有了逻辑链接，成一盘散沙了。写故事不能照搬现实生活，而是要做"选择性叙述"，其原因也正在于此。

故事的第二个要素是变化过程，这是故事产生吸引力的来源。如果没有变化，也就没有了故事。变化要求故事中的人物必须有情感冲突、关系反转以及观念升华等经典桥段。如果故事的主人公，出场时什么样，结束时还什么样，一点变化都没有，那这个故事岂不是白讲了吗？

故事的第三个要素是触发事件，这是引发变化过程的最初原因。变化不能无缘无故地发生，所以必须有一个触发事件，比如电影《蜘蛛侠》，它的主人公帕克，本来就是普通学生，一不小心被变异的蜘蛛咬了，然后就拥有了超能力，变成了蜘蛛侠。帕克被蜘蛛咬就是整个故事的触发事件。

讲完故事具备的三个要素，我们再来探讨一下讲故事的技巧。

讲故事最核心的秘诀就是不能平淡。一个引人入胜的故事，必须有逻辑严密、情感激烈的冲突，即主人公有问题需要解决。故事要始终围绕着主线和焦点来写，不能"跑偏"，更不能"失焦"。

185

那么，要写一个"勾着"人们读下去的故事，需要解决哪些问题呢？

在回答这个问题之前，我们先看一个简单的故事，它的情节是这样的——

春天到了，一个盲人在路边乞讨，面前放着一个空碗。一个上午过去了，盲人的碗里散落着可怜的几个硬币，连买午餐的钱都不太够。

下午，他在空碗旁边立了一块牌子，找人写上："我是个盲人，请帮帮我！"到了晚上，碗里的硬币比上午多了一些，但也仅够盲人买一顿晚餐。

第二天早上，盲人还在同一个路口乞讨，仍然带着空碗和那个写着"我是个盲人，请帮帮我"的牌子。这时，一个好心的路人过来，把牌子上的字擦掉，然后写了一句话："春天来了，而我却看不见。"

行人看到改写的这句话，纷纷掏出了零钱，放到乞丐的碗里……

这个故事虽然简短，但它也包含了讲好一个故事需要解决的七个问题。这七个问题分别是——

1.主人公的目标是什么？

2.他的阻碍是什么？

3.他如何努力？

4.初次努力的结果如何？（通常不会太好，否则故事没继续下去的必要了。）

5.意外该出现了。

6.意外发生后，情节如何翻转？

7.结局是什么？

按照上述七个问题，我们可以拆解一下这个故事。第一个问题，主人公的目标：盲人要得到路人的施舍；第二个问题，他的阻碍是：从素不相识的人手中得到帮助并不容易；第三个问题，他做出的努力是：写了"我是盲人，请帮帮我"的牌子；第四个问题，初次努力的结果：比原来好，但施以援手的人仍不够多；第五个问题，意外发生了，一个好心人看到了他的牌子，把上面的字改成"春天来了，而我却看不见"；第六个问题，故事发生了反转，行人看到改写之后的这句话，受到了感动；第七个问题，故事结局是：行人纷纷掏出零钱，放进盲人的碗里，盲人得到众人的施舍。

大家或许看出来了，一个吸引人的故事中，主人公一定要有目标，为了达成目标，他才采取种种行动。同时，故事要吸引人，就得有波折，不能让主人公轻易实现目标——目标一旦实现，故事也就该结束了，所以，在目标和实现目标之间，作者就必须设置阻碍。有了阻碍，主人公就要设法克服。在克服重重阻碍的过程中，若再出现了意外和反转，那故事就有"出人意料之外又在情理之中"的效果，令人津津乐道。这个规律是人们在讲故事的长期实践中总结出来的，用七个问题将这一规律做精细化表述，无疑增加了讲故事的可操作性。

讲好故事要解决的七个问题，用在写作实践上，我们可概括为七个步骤：目标——阻碍——努力——结果——意外——反转——结局。几百字的故事要吸引人得这么讲，十几万字的长篇小说，也需要这样讲故事。下面，我们就再用这七个步骤拆解一下法国作家儒勒·凡尔纳的小说《八十天环游世界》——

1. 目标：主人公霍格跟朋友打赌，要在八十天内环游世界一周，并以全部财产作赌注。于是，他开始环游世界。

2. 阻碍：其一，霍格被误认为是银行大盗，沿途遭到警察的各种阻拦。其二，他是个心地善良的人，途中常常为了救人而耽误行程，比如，从婆罗门教手里拯救了即将陪葬的印度女孩。

3.努力：霍格用尽各种方法赶时间，比如，为了走捷径，冒险乘坐大象、搭火车过断桥等等，好几次险些丧命。

4.结果：环游世界一周，回到英国伦敦，共用了八十天又五分钟，打赌输了。

5.意外：根据出发地英国伦敦的日期显示，他只花了七十九天又五分钟。

6.反转：因为地球自转的缘故，形成了时差：霍格往东走，绕地球一周，花费的时间会减少一天，反之则会多一天。

7.结局：霍格打赌赢了，同时，还因为好心肠而抱得美人归。

知道了讲故事要解决的七个问题之后，大家以后读小说或看电影的时候就不妨用心分析一下，看作者是怎样步步为营地讲故事的。经常分析别人讲过的精彩故事，我们自己讲故事的水平也会随之提升。此外，知道讲故事的基本规律后，我们写故事（比如写小说、剧本）也能做到心中有数。

爱听故事是人类的一种本能，因为故事天然具有亲民属性，能让人自愿放弃怀疑。对此，英国大诗人塞缪尔·泰勒·柯勒律治说："当我们进入到故事世界的时候，一切都变得不一样了。我们会自愿放弃怀疑。"现代心理学研究也证明了故事的魔力，当别人被你的故事所吸引的时候，他们对你的信任度能从 30% 提高到 70%。原因就在于故事承载了情感价值，能让听故事的人放下心中的评判标准，去接受一个曾经不认可的事物。

针对讲故事的重要性，科普作家高爽也说："人类需要讲故事和听故事。我们唯一记得住的知识，只能是包含在故事里的知识；我们唯一会感动的，只能是和自己有关的故事中的情感。"

可见，讲故事是传播信息、构建连接的最佳方式。而学会讲故事，则等于握有了一项增加传播力、扩大影响力的利器——它是征战文字沙场的方天画戟和青龙偃月刀。

行动建议：重温经典电影，学习讲故事的门道

选一部经典电影，分析一下编剧和导演是如何把故事的七个问题一步步地讲清楚、讲精彩的。

附录：案例精选

（一）

如果你妈妈让你去超市买东西，她对你说："你去买一斤芹菜，牙膏再买两个，瓜子你看着买两袋。哦，对了，洗发水要买一桶。另外再买一斤土豆。黄瓜如果新鲜也买一斤。别忘了买洗面奶。哦，对了，还有薯片。"

你听完这段话之后什么感觉？我估计绝大多数人还没等走到超市，就忘了该买啥了。

如果我们把这段话换作书面语（假设是妈妈给孩子写的一张便条），那效果就不一样了，请看——

孩子，请你帮我去超市买三类东西：蔬菜、零食和洗漱用品。蔬菜你就买芹菜、土豆、黄瓜，每样各一斤，买的时候看看新鲜不新鲜；零食买瓜子和薯片；洗漱用品买两管牙膏、一桶洗发水和一瓶洗面奶。

第二段话是不是表达效果明显优于第一段话？为什么会有这么大的差距？原因就是第二段话逻辑严密，而第一段话没有逻辑。第二段话对要买的商品进行了归类，而第一段话没有归类。归类，就是逻辑的一种。该归类的时候不归类，行文就缺乏逻辑。缺乏逻辑，文字就会给人以颠三倒四、信息杂乱之感。

（二）

斯蒂芬·茨威格在《一个陌生女人的来信》中这样写女主人公对男主人公的爱："我仿佛是你口袋里的怀表，绷紧着发条，而你却感觉不到。这根发条在暗中耐心地为你数着一分一秒，为你计算时间，带着沉默的心跳陪着你东奔西跑，而在它那嘀嗒不停的几百万秒当中，你可能只会匆匆地瞥它一眼。"这段话写的是女主人公卑微而绝望的爱情，她把自己比喻成男主人公口袋里的怀表，感情抒发得极具穿透力。

（三）

同样是表达爱情的炽热，廖一梅在《恋爱的犀牛》也写过一段让人过目难忘的文字："忘掉她，忘掉她就可以不必再忍受，忘掉她就可以不必再痛苦。忘掉她，忘掉你没有的东西，忘掉别人有的东西，忘掉你失去和以后不能得到的东西，忘掉仇恨，忘掉屈辱，忘掉爱情，像犀牛忘掉草原，像水鸟忘掉湖泊，像地狱里的人忘掉天堂，像截肢的人忘掉自己曾快步如飞，像落叶忘掉风，像图拉忘掉母犀牛。忘掉是一般人能做的唯一的事。但是我决定——不忘掉她。"这段文字前面讲了一大段忘掉的好处，还举了一组例子，但最后却说"但是我决定——不忘掉她。"这是典型的欲扬先抑，也是"字句之新"的经典案例。

（四）

想形容一个人特别有毅力，有下面两种说法。第一种说法："坚持做一件事，即使短期看不到回报，也要继续下去。"第二种说法："用一个人的长期主义去对冲这个世界的不确定性。"这两句话的表面意思好像差不多，但是第一种说法听起来就感觉差点劲儿。因为第一种说法说的道理虽然没错，但听起来有浓浓的鸡汤味，甚至有陈词滥调之嫌，但是，换一种表达方式，说"用一个人的长期主义去对冲这个世界的不确定性"就不一样了。你可以感受一下长期主义、对冲、不确定性这几个词，它们背后是隐含着精英气质的，同时又有一种"明知山有虎，偏上虎山行"的豪情，所以这第二句话就比第一句话更能打动人。

（五）

当年美国登月计划有两种表述——

第一种，我们的目标是，通过高度团结的合作与充满战略优势的设计，取得全球太空工业的领先地位。

193

第二种，我们的目标是，未来十年，把一个人送上月球，再把他活着带回来。

两相比较，哪个表达效果好？显然是第二种。原因就在于第二种表述简洁有力，容易被人记住，而这句话正是美国前总统肯尼迪说的。

（六）

作家王小波曾举过一个例子："朝雾初升，落叶飘零，让我们把美酒满斟。"这个句子就很有节奏感和力量感。如果我们嫌它太短，偏要改成这样："早晨的雾气慢慢地升起来，落叶飘零，让我们把美酒满斟。"力量感和节奏感是不是就要弱好多？前者像草原上纵马疾驰的追风少年，后者则像是广场上慵懒遛弯的大妈，意思虽然还一样，但两者的精气神则完全不同。

（七）

王鼎钧先生写过几句诗："光阴遗弃了你／任你垂垂蹉跎／哑了树上的黄莺／老了江南的表妹。"这首诗中，"江南的表妹"就是精准表达，如果把"表妹"改成"表姐"，滋味就完全不同了；如果把"江南"改成"塞外"，则意境完全不搭。

（八）

美国作家哈珀·李在小说《杀死一只知更鸟》中的一段描写，她写的就是梅科姆小镇的夏天有多炎热——

那时候的天气好像更热些：黑狗在夏日里煎熬着，广场上闷热的槐树荫下，套在大车上的瘦骨嶙峋的骡子在驱赶苍蝇。男人们挺括的衣领不到上午九点钟就耷拉了下来。女士们中午洗一次澡，下午三点钟睡完午觉再洗一次，等到夜幕降临时，她们个个汗湿甜腻，像撒了一层痱子粉当糖霜的软蛋糕。

"天太热了"，这本来是人们的身体感受，但哈珀·李把这种感受写得极有画面感：黑狗怎样、骡子怎样、男人的衣领怎样、女士们如何频繁洗澡……通过这些，就烘托出了梅科姆小镇夏天的炎热。这段文字的最后一句尤其出彩："她们个个汗湿甜腻，像撒了一层痱子粉当糖霜的软蛋糕。"既生动又幽默，让人读后会心一笑。

（九）

奥地利作家史蒂芬·茨威格在《一颗心的沦亡》中写过这样的句子："他试着思考，可是思绪一团混乱，像许多蝙蝠飞成一团。"作者把一团混乱的思维比作"许多蝙蝠飞成一团"，立刻就有了画面感，原本抽象的事物也转化成了具体的形象。

（十）

英国作家詹姆斯·巴里在《彼得·潘》中写道："他富于幻想的内心，就像来自神秘东方的小盒子，一个盒子装一个盒子，无论你打开多少个，里面还有另一个。"你看，如果只是说"他的内心很复杂"，就是简单的陈述，不能给人留下深刻印象，而用俄罗斯套娃一比喻，文字立马就出彩了。

（十一）

马丁·路德·金就在《我有一个梦想》的演讲中使用了大量的细节，请看——

我梦想有一天，在佐治亚的红山上，昔日奴隶的儿子将能够和昔日奴隶主的儿子坐在一起，共叙兄弟情谊。

我梦想有一天，甚至连密西西比州这个正义匿迹、压迫成风，如同沙漠般的地方，也将变成自由和正义的绿洲。

我梦想有一天，我的四个孩子将在一个不是以他们的肤色，而是以他们的品格优劣来评价他们的国度里生活。

今天，我有一个梦想。我梦想有一天，亚拉巴马州能够有所转变，尽管该州州长现在仍然满口异议，反对联邦法令，但有朝一日，那里的黑人男孩和女孩将能与白人男孩和女孩情同骨肉，携手并进。

今天，我有一个梦想。

我梦想有一天，幽谷上升，高山下降；坎坷曲折之路成坦途，圣光披露，满照人间。

（十二）

"文似看山不喜平"，平平常常的句子往往打动不了读者。这个时候就要打破常规，动动脑筋，写出有意外感的句子，通过制造意外，来给读者留下深刻印象，比如，鲁迅就写道："在我家的后院有两棵树，一棵是枣树，另一棵还是枣树。"鲁迅先生这么写，就比直接写"我家后院有两棵枣树"效果好，因为读者感到了意外。有了意外感，读者就格外关注这句话，直到最后记住了它。

（十三）

捷克作家米兰·昆德拉是"制造意外"的高手，比如他说："令她反感的不是世界的丑陋，而是这个世界戴着的漂亮面具。"他还说："表面是清晰明白的谎言，背后却是晦涩难懂的真相。""这是一个流行离开的世界，但是我们都不擅长告别。"这些句子之所以能够成为金句，就是因为它们"出乎意料，又在情理之中。"

（十四）

美国大法官约翰·罗伯茨在他儿子的毕业典礼上发表演讲，演讲中说："我希望你们常常遭遇到不公正的对待，这样你们才明白公平正义的价值；我希望你们受到背叛，这样你们才能学到忠诚的重要；我希望你们偶尔会感到孤独，这样你才不会把朋友视为理所当然。"如果作者不运用逆向思维，而是直接说："我希望你们明白公平正义的价值，希望你们学会忠诚，希望你们珍视友谊。"那表达效果就要差很多。运用了逆向思维，就有了强烈对比；有了强烈对比，就极具感染力。

（十五）

作家刘瑜写过一篇散文叫《小布谷，愿你慢慢长大》（小布谷是她的女儿），这篇散文的结尾是这样的："小布谷，愿你慢慢长大。愿你有好运气，如果没有，愿你在不幸中学会慈悲。愿你被很多人爱，如果没有，愿你在寂寞中学会宽容。"作者写这段话运用了逆向思维，先有一层祝愿，再假设一层否定，最后再追加一层祝愿，这样的结构，通过否定反而强化了肯定，远比直直地写祝愿要有力得多。

（十六）

话说李白被唐玄宗"赐金放还"之后，离开朝廷，到徽州宣城（今天的安徽宣城）去看望叔父李冰阳。宣城和泾县相隔不远，于是，汪伦就写信邀请李白来泾县做客。他在信中说："先生好游乎？此处有十里桃花。先生好饮乎？此处有一万酒家。"

李白一看有十里桃花，有一万家酒店，就欣然前往。可到了泾县之后就傻了眼，说好的十里桃花呢？说好的万家酒店呢？全没有。你个汪伦，彻彻底底就是大忽悠呀！

汪伦跟李白解释："桃花者，十里外潭水名也，并无十里桃花。一万酒家者，开酒店主人姓万，并非有一万酒家。"意思是，我是忽悠了你，但忽悠得有说道。然后，汪伦就盛情款待了李白，好吃好喝好招待。数日之后，汪伦又在李白要离开前送了一大笔盘缠：有金银，有丝绸，还有骏马。然后他跟李白话别，说您离开的那天，我正好生意上有点事，就不能到码头为您送行了，请您收下这份薄礼……

李白一看，这份薄礼十分厚重，便谢过，收下了。

离开泾县的那天，李白去桃花潭渡口坐船。就在李白即将乘船离开的时候，突然听到岸上有人踏着节拍唱歌——原来是汪伦带着自己的员工来为自己送别了。

李白心想：汪伦这哥们，做事就是不落俗套，常人送别大多是依依不舍、满心感伤的，而汪伦却踏歌相送。他就是希望我高高兴兴地来、高高兴兴地走呀！再联想起汪伦邀请自己、招待自己、赠厚礼于己的种种情景，李白遂心生感动，愈发觉得汪伦是个重情重义之人。于是，他大笔一挥，写下了《赠汪伦》一诗——

李白乘舟将欲行，

忽闻岸上踏歌声。

桃花潭水深千尺，

不及汪伦送我情。

（十七）

中国外科医学泰斗裘法祖先生借渡河这个生活场景来讲医患关系，他说，治疗就像渡河。此岸是病痛，彼岸是健康，医生和患者都以彼岸为目标。治疗的过程，就是医生背着患者过河。渡河只能制定一个大概的路线，过程中是否会遇到暗流，是否能顺利到达彼岸，谁都不知道。

你看，医生背着患者渡河这个比喻，有画面感，又特别深刻地揭示出了医患关系的实质：二者是合作关系，同盟关系。

（十八）

先看下面两个例子——

1. 空中客车 A380，每一个发动机的推力都是 310 千牛（千牛顿）。

2. 对某某的指控是二级谋杀。

这两种表述方式很常见，没有错误，意思也说清楚了。如果写的是学术论文，那这种表述同行之间也能看得懂。可若是普及读物，读者读到这样的句子就难免犯懵。

我们再看修改之后的句子——

1. 空中客机 380，每个发动机的推力大约相当于 500 个壮汉拔河时的力量。

2. 对某某的指控是二级谋杀。所谓二级谋杀，是指非蓄谋的谋杀，比如突然见财起意，把受害人杀了。相对应的是一级谋杀，它是指事先谋划好的谋杀。比如一个人拿着斧头去砍情敌，为了怕对方跑掉，还专门安排了两个帮手堵住前后门。

修改之后，第一个句子删掉了专有名词"千牛"，直接把"310千牛"换算成了"500个壮汉拔河时的力量"。这个类比极具画面感，一下子就让读者明白了力量到底有多大。修改后的第二个句子，详细地解释了什么是"二级谋杀"，解释的过程还举出了两个例子，一个是"见财起意，杀了受害人"，一个是"策划好了之后去杀情敌"。 这两个例子的功用就是尽量把专业术语转化成生活场景，以方便读者的理解。

（十九）

"全球化"究竟是什么？哥伦比亚大学教授巴格沃蒂用戴安娜王妃之死来解释，他说——

一个英国的王妃，带着埃及的男友，在法国的一条隧道里撞车，开的是一辆德国车，安装着荷兰的发动机。司机是一个比利时人，喝多了苏格兰的威士忌。追赶他们的是意大利的狗仔队，骑着日本的摩托车。为她治疗的是一位美国医生，用的是巴西的药品。这个消息是一个加拿大人传出的，使用的是比尔·盖茨的技术。而你可能正在一台电脑上阅读这个消息，这台电脑用的是中国台湾造的芯片、韩国产的显示器，由一个印度的卡车司机运输，被一些印尼人截获，由硅谷的码头工人卸货，然后由一个墨西哥非法移民运送给你……我的朋友，这就是全球化。

（二十）

理查德·道金斯在《解析彩虹》中有一段文字讲 DNA 组合的文字，堪称经典——

我们都会死，因此都是幸运儿。绝大多数人永远不会死，因为他们从未出生。那些本有可能取代我的位置，但事实上从未见过天日的人，数量多过阿拉伯的沙粒。那些从未出生的魂灵中，定然有超越济慈的诗人、比牛顿更卓越的科学家。DNA 组合所允许的人类之数，远远超过曾经活过的所有人数。你和我，尽管如此平凡，但仍从这概率低得令人眩晕的命运利齿下逃脱，来到世间。

在这不足 200 字的段落里，作者用诗性的语言将生物学、哲学、文学等不同学科的精彩之处融合在了一起，极有震撼力。